PSYCHOLOGIE DE LA NÉGOCIATION

DU CONTRAT DE TRAVAIL AU CHOIX DES VACANCES

谈判

赢得优势的心理博弈

[比利时] 史蒂芬妮·德莫林 著

郭伟锋 译

北方联合出版传媒(集团)股份有限公司

万卷出版有限责任公司

著作合同登记号：06-2022年第42号

图书在版编目（CIP）数据

谈判：赢得优势的心理博弈 / (比) 史蒂芬妮·德莫林著；郭伟锋译. -- 沈阳：万卷出版有限责任公司，2022.8

ISBN 978-7-5470-5988-3

Ⅰ. ①谈… Ⅱ. ①史… ②郭… Ⅲ. ①谈判学－社会心理学－通俗读物 Ⅳ. ①C912.35-49

中国版本图书馆CIP数据核字(2022)第094562号

出版发行：北方联合出版传媒（集团）股份有限公司
万卷出版有限责任公司
（地址：沈阳市和平区十一纬路29号　邮编：110003）
印 刷 者：天宇万达印刷有限公司
经 销 者：全国新华书店
幅面尺寸：145mm × 210mm
字　　数：230千字
印　　张：8.5
出版时间：2022年8月第1版
印刷时间：2022年8月第1次印刷
责任编辑：齐丽丽
责任校对：刘　洋
策划编辑：杨莹莹　闫　静
封面设计：尛　玖
ISBN 978-7-5470-5988-3
定　　价：42.00元
联系电话：024-23284090
传　　真：024-23284448

前言

谈判无处不在

我写本书的初衷主要是为了我的学生。多年来，他们一直希望且请求我写一本书，以便配合我在大学里开设的谈判课程。

同时，我也希望本书能够帮助对谈判感兴趣，以及在日常生活中从事谈判活动的人。

谈判在生活中无处不在。仅昨天一天，我就谈判了四次。

第一次谈判发生在刚起床。孩子们问我是否可以看动画片。由于是假期，因此我答应了他们的请求，但只能看一部电影，并且要在安静地穿衣打扮之后才可以看。

第二次谈判发生在上午晚些时候。我开车去瓦桑堡的车库旧货市场，它距离格勒诺布尔50公里，位于白雪覆盖的阿尔卑斯山的山脚下。我在市场里发现了一块古董滑板，有了它，我们家的装饰风格将会有一种淳朴的山区乡村感。卖方是一位当地居民，他开出了一个过高的价格。经过多次讨价还价，我们最终达成了协议。他同意将价格降低10%，并赠予我一个和旁边的滑板并不成套的小木雪橇。

第三次谈判发生在下午。我查看电子邮件，有幸收到编辑发来信息告知我，她在读了我发的前两章内容后很感兴趣，并且通过了我的图书项目。我太开心了！我之前还担心对方的反应会好坏参半甚至是负面的。然后，我们讨论了期限和合同：书什么时候完成？包含多少章节？它主要面向什么类型的读者？合同条款包含什么？这本书将以什么价格出售？这么多的问题都需要商定出令双方满意的答案。

第四次谈判发生在一天结束之时。我正坐在沙发上，手机铃声响起。信息："您从不给我发消息。"回复："您也是。"嘭，攻击发动了！通过互发短信来进行无声的讨论。过了一会儿，我振奋精神，鼓起勇气拨通了号码，和对方就这个话题再次展开讨论。她的观点与我的观点冲突，超长时间的讨论导致彼此都失去了耐心，甚至引发了愤怒。我试图了解她的观点，并表达了我的观点，我们讨论了很久。最终我明白了，她从不给我打电话，并非她对我漠不关心，而是因为她没有经济能力（我们不住在同一个国家）。我调整了我的立场。我建议她每当需要和我聊天的时候就给我打电话；我不会接听，而是之后再给她回电话。这样我们既能保持联系，又不会使她有经济负担。

四次谈判，四种截然不同的情况，由此涉及的利害关系和产生的行为也各不相同。我们总是在和大家谈判。生活是由谈判组成的，但由于谈判学不被承认，人们没有掌握谈判的秘诀，所以我们在谈判时经常受挫。

本书的两个论点

本书主要阐述了以下两个论点。

第一个论点，掌握谈判的过程和心理机制是我们需要具备的基本能力。

首先，因为这种能力有助于我们的个人发展。通过这种能力，我们将学会处理许多生活中遇到的复杂情况。这些情况包括商品交易、应对冲突事件，以及开发新项目和履行某些公民权利或义务（如投票）。这些情况将影响私人领域（家庭关系和友情关系）和工作领域（同事关系和上下级关系）。

其次，谈判是心理学家在工作中经常会遇到的。例如，在进行心理治疗时，心理治疗师经常会作为第三方介入家庭纠纷当中；组织心理学家则会负责处理工作中的矛盾冲突、与新员工讨论薪资问题或者处理解雇问题。这些情况都涉及谈判，即力求满足各方的明确利益或常见的隐含利益而进行讨论。

第二个论点，心理机制在谈判过程的所有阶段中占据根本地位。这一点尤为重要。所有正在进行的谈判都与人类有关，因此，人类的行为有时与机器或计算机的行为非常不同，在冷静、理性地分析所面对的问题方面，显然后者更胜一筹。人类有动机、期望、偏见和情绪，他们在自己的认知范围内分析信息、做出决定，他们的行为会根据情况或个性而发生改变。简而言之，世界上所有的计算机在解决一个既定的利益分歧时，都会产生一个单一的甚至相同的答案，而人类对同一分歧所提出的解决方案会有无限的可能性。

本书的定义和结构

为了理解谈判及其心理机制，首先应该确定谈论的内容。谈判是什么？我们在谈判中做什么？谈判过程会对生活产生怎样的影响？答案既简单又复杂。简单是因为在文献中很容易找到谈判的具体定义。而复杂是因为，一方面，谈判涉及许多不同的领域和情况，以至于很难在不陷入或然普遍性的情况下，通过一个相同的定义来解释所有情况；另一方面，虽然每个人对“谈判”的含义都有各自的直观理解，但是科学概念和自发概念仅有部分重叠。

正如科学文献中经常出现的情况一样，每位作者在谈及一个概念的同时，都会提出自己的定义，谈判的概念也不例外。表1列出了已提出的定义。

我以普鲁伊特和卡尔内瓦莱于1993年提出的定义①为基础，在其中补充了一些卡斯滕·德德鲁及其同事于2007年定义的一些基本

① 迪恩·普鲁伊特、彼得·卡尔内瓦莱：《社会冲突中的谈判》，英国：开放大学出版社，1993年。

要素[①]，从而提出以下定义：谈判是两方或两方以上相互依赖的实体之间的一种讨论，其明显目的是解决感知到的利益分歧。下表列出了我参考的一些定义。

表1 文献中谈判概念的定义示例

作者	英文	中文
卡雷尔和希弗林，2008年	Negotiation is a way to resolve issues without resorting to actions that hurt or destroy relationships	谈判是一种不采取伤害或破坏关系的行为来解决问题的方法
利·汤普森，2009年	Negotiation is an interpersonal decisio-nmaking process necessary whenever we cannot achieve our objectives single-handedly	每当我们不能独立实现目标时，谈判就是一个必要的人际决策过程
普鲁伊特和卡尔内瓦莱，1993年	Negotiation is a discussion between two or more parties with the apparent aim of resolving a divergence of interest	谈判是两方或多方之间的一种讨论，其明显目的是解决利益分歧
德德鲁等人，2007年	Negotiation is the communication between parties with perceived divergence of interests to reach agreement on the distribution of scarce resources,work procedure, the interpretation of facts, or some commonly held opinion or belief	谈判是感知到利益分歧的各方之间，就有限资源的分配、工作程序、对事实的解释或某种共同持有的意见或信念达成协议的讨论

① 卡斯滕·德德鲁、比尔斯玛、斯坦内尔、凡·克利夫：《谈判心理学：原则和基本过程》，克鲁格兰斯基、希金斯《社会心理学基本原理手册（第二版）》，纽约：吉尔福德出版社，2007年。

本书第1章重点介绍了一些理解本书所必需的基本概念。

本书的第2、3、4章，重点讨论谈判的背景。在这一部分中，我们将了解谈判产生的必要条件。

第2章主要讨论相互依赖和感知分歧。相互依赖，意味着各方的目标是相互关联的：各方需要彼此来满足自己的需求。正是相互依赖才使得各方有可能在谈判中考虑相互让步。分歧感知规定，各方之间必须存在分歧，或至少各方应该觉察到分歧的存在。这种分歧可能由很多原因导致，例如，主要参与者可能追求不同且不兼容的目标，或者他们追求相同的目标，但这一目标不能由各方同时实现。重要的是，是当事方感知到分歧，而不是存在客观分歧。

从谈判的定义可知，分歧与谈判者追求的利益有关，因此第3章以动机的形式介绍了这些利益。在谈判中可以起作用的动机范围很广，既包括经济方面，又包含心理因素，例如对社会情感需求的追求。

由于目标的实现和动机的满足影响着对谈判结果的评估，因此第4章讨论了影响谈判者满意度的变量。如果满意度受经济需求和利益实现的影响较小，那么受社会情感和关系需求相关的心理因素影响更大。

本书的第5章至第7章是关于谈判中会采用或可能采用的方法，主要讨论涉及认知变量和情绪变量。

第5章更多地讨论认知方面，着重分析了信息在谈判中的重要性，讨论了信息收集、所收集信息的处理和各方之间的信息共享，介绍了信息收集和处理的策略并非绝对合理和客观，会受到认知偏见的影响，最后探讨了有利于各方之间信息共享的因素，例如信任和互惠标准。

第6章讨论谈判应采用的战略和战术。这些策略取决于多种因素，例如动机、个性或个人拥有的权利。重点介绍了谈判者面临的两个主要任务，即对对方的影响和发现创造性解决方案。

第7章专门探讨情绪在谈判中发挥的作用。几十年来，谈判领域经常使用的是理性的方法，情感角度在谈判领域是一个比较新的观点。本章告诉读者，情绪既会影响感知情绪的人的反应，也会影响对方的行为。

本书的第8章至第10章，专门研究谈判的各种特殊情况。

第8章阐述了谈判者的性别如何影响他们在谈判时的行为。性别问题一直是许多研究的主题。当研究人员探讨谈判中的性别差异时，往往主要关注谁（男性还是女性）会表现出更有效的谈判行为。然而这个问题的答案没有表面上那么简单。性别差异分为三种：行为差异、待人差异和情况差异。本章介绍了为解决这些差异而提出的理论，并详细说明了消除或减轻这些影响的方法。

第9章专门讨论代理谈判。代理谈判是指利益分歧的各方决定将谈判过程委托给代理人或代表的谈判。本章研究在代理人在开始谈判之前，被代表的个人或团体所必须经历的不同阶段。最后，介绍谈判代表如何影响谈判者的行为。

第10章重点介绍多方谈判中的联盟。当谈判涉及多名谈判者时，一些谈判成员会分组联合，以便在所做出的决定中发挥更大的作用。本章还讨论了联盟的组建和联盟成员分配收益的方式。联盟是排斥系统，但是也会出现谈判者不愿意排斥，并倾向于继续在包含所有成员的系统中工作的情况。

目录

第1章

克里斯的“甲壳虫”——谈判的要素

克里斯的旧甲壳虫车刚刚报废，他没有车了。这很令他烦恼，因为他每天都要开车上下班。由于克里斯钟情于古董车，而且直到今天，他亲爱的甲壳虫车从未让他失望过，因此他决定购买一款类似的车。最终，他在当地的报纸上发现了一条广告，广告上售卖的正是他心仪的那款车。它看起来处于完美状态，柠檬黄色的车身使阳光都黯然失色。于是，克里斯决定与名为约翰的卖方联系。

约翰从他的祖父那里继承了那辆车。由于他用不上，因此决定卖掉它。有一些潜在的客户已经联系了他，但他尚未收到任何明确的报价。在第一次见面时，约翰从克里斯的眼中明显看出他对这辆车感兴趣。他们在当地的咖啡馆见面讨论价格，并进行谈判。作为专业的谈判者，约翰和克里斯事先都花了一些时间来准备这次的会面。

克里斯的“甲壳虫”报废了

与其他科学研究领域一样，谈判领域也有专有名词。在筹备阶段，谈判者必须确定四个要素：期望点、替代方案（包括所谓最佳替代方案）、保留点和第一次报价。这些要素代表基点[①]。之所以这样命名，是因为谈判者将这些要素作为基准，他们可以根据这些基准来比较谈判桌上的各种提议。这四个基点属于谈判中的内部参照。还存在其他基点——谈判中的外部参照，例如市场价格，在其他情况下或者由其他人为类似项目支付的价格。

期望点

克里斯和约翰首先要确定的是期望点。期望点对应着谈判者可以合理期望的最佳结果[②]。最佳结果取决于谈判者追求的动机、利益和目标。在此示例中，甚至在此类交易中，期望点主要是从财务角度定义的。这并不意味着财务或经济标准是期望点的唯一决定因素（请参阅第3章有关动机的深入讨论）。例如，从克里斯的角度

---

① 布朗特、托马斯·亨特、尼尔：《价格是合适的吗？双方价格协商的参考点模型》，《组织行为与人类决策过程》，1996年，第68期。

② 布朗特·怀特、尼尔：《可支付的最高价格、最低心理预期和最优替代方案：确定谈判达成的要素》，《谈判日报》，1991年，第7期。

来看，时间因素也很重要。由于克里斯要开车上下班，因此为了解决通勤问题，他不能等太久。但是，让我们暂时只关注汽车的售价问题。

在交易中，买卖双方的期望是根本对立的：卖方梦想着获得高价，而买方的目标是尽可能少花钱。约翰在研究过汽车市场后，估计这样一辆汽车的售价应在7,000～10,000欧元。鉴于汽车的车况品相良好（他的祖父像珍爱自己的孩子一样珍爱这辆车），约翰希望以一个较高的价格出售，他设定的期望点为9,500欧元。克里斯同样询问了目前同类汽车的售价（7,000～10,000欧元）。他很清楚，他看上的这辆甲壳虫车品相良好，如果想要得到它，他可能要支付相当大的一笔钱。尽管如此，他希望依靠自己的谈判技巧设法拉低售价：花费不要超过8,000欧元。

替代方案

确定了期望点，替代方案是各方需要考虑的第二个要素。替代方案是谈判者在当前谈判之外的不同方案。任何谈判都至少有一种选择：不会达成任何协议。有时不止一种替代方案可供选择。约翰可能收到了9,000欧元的购车建议，克里斯可能也看到了类似的甲壳虫车公布的售价是8,500欧元。替代方案很重要，因为它们有助于增加谈判者可用的权利。

供求规律是制定替代方案很重要的参考。例如，在经济危机时期，当许多人失业时，企业在薪资谈判中的权利是巨大的。一个在薪资方面要求过高的新员工，将很快被其他某个觊觎同职位的竞争者所取代。相反，在劳动力短缺的领域，具有专业技能的人将会拥有更多工作选择。如果他有较高的谈判能力，则能按自己的意愿安排工作时间或要求巨额经济补偿。

有研究已评估了替代方案对谈判者可预期的结果的影响。一方面，有替代方案，且是有吸引力的替代方案，既可以增加提出者的直观成果，又可以增加双方谈判者的累积结果。另一方面，谁的替代方案吸引力越大，谁越会取得更好的结果①。

在谈判中了解各种替代方案是非常有价值的，因为它们提供的权利会增加谈判者可以获得的利益。研究人员还主张从动态而非静态的角度研究替代方案②：在协商过程中，各方拥有的替代方案的数量会有所不同（克里斯在附近散步时发现了另一辆甲壳虫车待售，约翰收到了一位新的潜在客户的电话），而且，替代方案的吸引力会随着时间发生变化，尤其是根据市场情况的变化而变化（请记住上面的示例，即在经济危机或专业人员短缺的情况下找工作）。

替代方案是当事人之间权利分配的决定性因素，因此非常重要，在谈判之前和谈判过程中要积极寻找替代方案。但是，积极寻找替代方案对当前关系有什么实际影响呢？谈判者在谈判之外寻找替代方案时投入的时间和精力相当于资金损失。这些无法挽回的投资可能产生消极影响，以至谈判者试图在关系本身中弥补损失。因此，谈判者将会提出更多要求（以补偿其投资），提高期望，并会

---

① 罗宾·平克利、玛格丽特·尼尔、丽贝卡·贝内特：《替代方案、保留点和结果：替代方案在二元谈判中的影响》，《组织行为和人类决策过程》，1994年，第57期。

② 汤普森：《谈判者的思想和内心》，美国：皮尔逊教育出版公司，2009年。

为了满足其期望而产生机会主义行为[①]。简而言之，由于谈判者对寻找替代方案进行了投资，因此无论其选择的替代方案的质量如何，他都将在谈判中要求得到更多。

在所有可能的替代方案中，有一个至关重要。它被称为最佳替代方案（best alternative to a negotiated agreement，BATNA）[②]。从谈判者的角度来看，最佳替代方案是最有吸引力的选择。从某种意义上说，如果未能与目前的对话者达成协议，他将被迫遵循这一选择。从理性的角度来看，谈判者应该愿意接受任何客观上优于最佳替代方案的提案（从而拒绝最佳替代方案），并拒绝任何不如最佳替代方案的提案（因此接受最佳替代方案）。在我们的示例中，约翰收到了来自另一位潜在客户的报价，他的最佳替代方案是9,000欧元，如果他与克里斯的谈判无果，那么这将是他汽车的售价。

最佳替代方案很重要，因为它与谈判者的保留点直接相关。

保留点

保留点是谈判者倾向于中止谈判而非签署协议的要点，是底线。保留点可能但不一定等同于最佳替代方案。这完全取决于个人通过谈判追求的实际动机。

单纯地从经济角度来看，知道约翰已经收到9,000欧元的汽车报价，人们会认为，他将他的保留点定为9,000欧元（即他的最佳替

---

① 迪帕克·马尔霍特拉、弗朗西斯卡·吉诺：《对权利的追求腐败：对外部选择的投资如何激发关系中的机会主义》，《行政科学季刊》，2011年，第56期。

② 费舍尔、乌里：《逐渐说“是”》，美国：霍顿·米夫林出版公司，1981年。

代方案）。但约翰的动机可能不仅仅是经济上的，他可能特别喜欢这辆从祖父那里继承的车，并急于将其转让给未来能照顾它的车主（请参阅第3章有关动机、拥有效应和禀赋效应的内容）。

如果报价9,000欧元的客户没有与他达成交易，这些附加的心理可能导致约翰将保留点定在8,500欧元，而且这种报价只能由一个可以令他信任的客户向他提出。克里斯评估了自己的财务状况，考虑到自己可用的替代方案，认为超过9,500欧元的购买价格是不合理的，并将其作为自己的保留点。

保留点有两个用途。

第一，保留点为谈判者提供了一个客观的参考点，可以据此评估对方的提案。例如，任何高于其保留点的提案都被卖方认为是可以接受的，任何低于其保留点的提案都必须被拒绝。

第二，保留点相当于承诺升级过程的防线。承诺升级是指，当第一次投资失败后，个人不但不为损失的投资而惋惜、理性地放弃注定失败的项目，反而通过进一步增加后续投资来证明他们先前的决定。例如，在拍卖会上，当一个参与者看到另一个人出价超过自己的报价时，这个人就会觉得有必要通过出更高的价格来证明自己对时间和精力的投资是合理的，有时甚至会使价格超出市场价值①。

双方的保留点决定了可达成协议的空间（zone of possible agreement，ZOPA），可达成协议的空间给出了两种指示。顾名思义，它首先可以评估各方之间能否达成协议。在上述买车的例子

---

① 吉莲·库、迪帕克·马尔霍特拉、基思·穆尼汉：《建立决策的竞争性唤醒模型：对现场拍卖和互联网拍卖中的拍卖热进行研究》，《组织行为和人类决策过程》，2005年，第96期。

中，协议是可能的，可达成协议的空间为正。它由图1a的深色区域表示。

PR
Alt
PA
PO
约翰
克里斯
PO
PA
Alt
PR
市场价值
7000
7500
8000
8500
9000
9500
10000

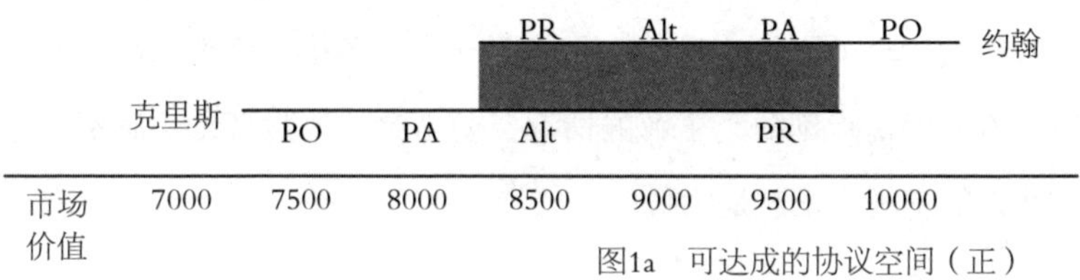

图1a　可达成的协议空间（正）

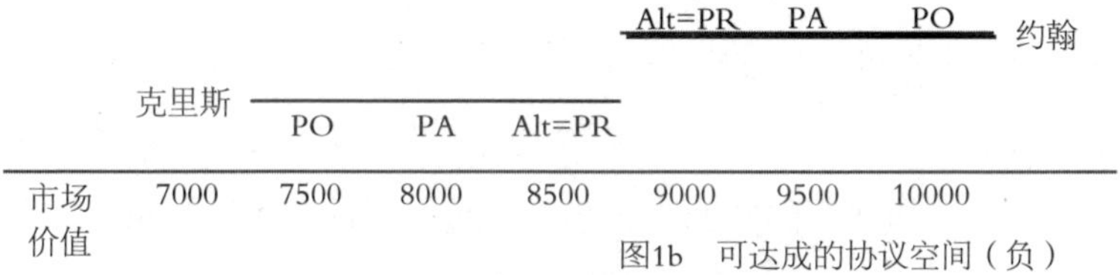

Alt=PR
PA
PO
约翰
克里斯
PO
PA
Alt=PR
市场价值
7000
7500
8000
8500
9000
9500
10000

图1b　可达成的协议空间（负）

PO–第一次报价；PA–期望点；Ait–替代方案；PR–保留点

图 1　谈判过程中的要点

当卖方的保留点低于买方的保留点时，就会出现可达成协议的空间为正。换句话说，即卖方愿意接受的最低价格低于买方愿意支付的最高价格。有时可达成协议的空间是负的，因此，如果我们的两个主角将其保留点设定在各自替代方案的确切位置（约翰为9,000欧元，克里斯为8,500欧元），他们会发现卖方约翰愿意接受的车辆最低售价，高于买方克里斯愿意支付的最高金额。在这种情况下，不可能达成任何协议。这也是我们在图1b中看到的情况。无论克里斯给约翰什么样的提案，它总是低于约翰的保留点，而约翰，作为一个优秀的谈判者，将不得不拒绝这项交易。

谈判者知道自己的保留点是什么，但通常对对方保留点的了解远远不够。谈判者对这一信息是保密的，这也情有可原。如果克里斯被告知，约翰准备将他的售价降低至8,500欧元，显然，他会朝这个方向竭尽全力去影响约翰，可能不会同意多花一分钱。这种彼此对对方的保留点都缺乏了解的情况，通常会让谈判者无法确定可达成协议的空间为正还是为负。

第一次报价

事实上，在谈判开始时，双方关于彼此已知的唯一具体信息就是第一次报价。此时我们要注意的是，当约翰开出10,000欧元的第一次报价，而克里斯以7,500欧元的还价做出回应时，双方都无法得知可达成协议的空间为正还是为负。因此，可以想象，即使谈判结果迫使协议失败，他们也会先花一些时间来讨论这辆车的售价。

谈判前必须考虑的最后一个因素是第一次报价，就是即将提交给对方的第一个提案。无论在何种情况下，第一次报价的制定都不容忽视。例如，应该何时提出第一次报价？应该夸大一些还是合理一些比较好？正如我们稍后将看到的那样，第一次报价是谈判的切入点。正是从它开始，后续的报价将逐步进行。除了锚定与调整法则，第一次报价也很重要，因为它将为谈判者提供回旋的余地。

当第一次报价太接近期望点时，就会出现两个难题：其一，当第一次报价等于保留点时，谈判几乎是不可能的；其二，我们与不准备做出让步和改变立场的人谈判时，要么妥协要么终止谈判。

上述博弈策略被称为博尔维尔制度，指的是20世纪50年代通用电气公司的副总裁莱缪尔·博尔维尔在与工会的谈判中使用了这种策略。实际上，莱缪尔·博尔维尔的策略并不像最初看起来那样激进，通用电气管理层只有经过激烈讨论并考虑到所有相关方的利益后，才能真正提出最终报价。此外，他还规定，只要出现新的因素，并且情况发生改变，最终报价就会产生变化。然而，工会对此战略不以为然，他们指责管理层没有进行适当且正式的谈判。正如我们将在第4章关于满意度的讨论中所阐述的，当一种既有利又平衡的解决方案作为既成事实被提出来时，比在谈判过程中被提出来所产生的满意度低。

第一次报价不仅必须远离保留点，而且必须与期望点保持一定的距离，这样有可能获得高于我们期望的结果。如果约翰希望自己的汽车售价为9,500欧元并以此作为他的第一次报价，那么与自己设定的目标相比，他之后做出的任何让步都将被理解为损失。相反，将第一次报价定为10,000欧元会给他一些回旋的余地，从而确保在达到他的期望点之前，还需要进行几轮谈判。如果幸运，他也许会达成一项9,600欧元的协议，这不仅意味着达到了他的目标，而且还会获得一笔100欧元的小奖金。

夸大的第一次报价还有一个额外的优势，就是他们向对手传达了三元信息（除了信息本身之外的一些信息）：谈判的结果不一定是既定的，谈判的道路可能漫长且艰难；可能比原本计划的需要做出更多让步；对手可能误判了自己的保留点，因而需要修改保留点。

上文提到的所有要素在其他谈判环境中都很重要。各方理想中想要获得什么（期望点），不应该越过的界限和要遵守的边界是什么（保留点），如果谈判不成功将会发生什么（替代方案），是否可以达成共识（可达成协议的空间），首先把什么放在谈判桌上（第一次报价）。

然而，本章介绍的例子有些简单。

首先，在我们的示例中，约翰和克里斯明确地追求金融目标。但经济动机只是谈判者可以追求的众多关键因素之一。例如，克里斯的重要目标之一还有时间，而对于约翰来说，卖给他信任的买家最重要。

其次，当谈判涉及激烈冲突时，可达成协议的空间往往是负的。这意味着，一方能接受的最低提案超出了对方可考虑的范围。在这种情况下，各方别无选择，只能依靠其替代方案。不幸的是，替代方案中涉及解决分歧的方法通常缺乏共识和建设性，例如，对冲突国家发动战争、夫妻离婚。

最后，介绍的示例的谈判内容被简化了。在约翰和克里斯的谈判中，我们只有一个讨论的话题：汽车的售价。然而，除了极少数的案例，谈判面临多重情况的挑战。除了汽车的售价，我们的主角还可以讨论付款方式（现金、转账或分期付款）、配件（汽车收音机、雪地轮胎或合金轮辋）、交易的时间（即时或延迟）。如果问题的多样性使谈判过程复杂化，这可能会大大增加双方可达成协议的空间。特别是，当问题相互结合地讨论，而不是相互独立地讨论时，保留点会变得更加灵活，从而增加双方成功达成协议的可能性。

在谈判中考虑多个而不是单个问题，是促进各方达成创造性和令人满意的协议的要素之一。但是，如果将问题相互配合处理，则每个问题都必须经过单独思考，并在谈判之前根据期望点、保留点和第一次报价加以界定。

买方与卖方的第一次较量

人类并没有那么理性，心理变量在很大程度上影响着行为，而且，谈判是各方相互影响的动态过程。因此，保留点、期望点和第一次报价能否客观建立，取决于谈判者根据其个人情况和市场状况所特有的标准。同时，这些不同的关键点也受谈判者对对方所作的推论的影响。

有研究者研究了交易中买家的情况①。在他们的第一项研究中，研究了期望点。由于期望点符合谈判者在当时情况中可以期望的最合理的可能结果，因此，作者假设它应该基于买方对卖方保留点的信任。买方对市场状况的看法，影响着其对卖方保留点的推论，而这个推论结果影响着买方的期望点。

上述研究者的另一项研究②表明，在买方的视角下，当卖方的第一次报价被视为获益时（当价格高于买方的保留点时），买方会提出更多的还价；当卖方的第一次报价被视为卖方损失时（当价格

---

① 亨里克·克里斯滕森、加林·汤米：《决定买家购买意愿和预定价格的因素》，《经济心理学杂志》，1997年，第18期。

② 亨里克·克里斯滕森、加林·汤米：《锚点和参考点对协商过程和结果的影响》，《组织行为与人为决策过程》，1997年，第71期。

低于买方的保留点时），买方会同意为项目支付更多。

有关卖方的其他信息也会影响买方。在一系列的研究中，克里斯蒂娜·迪克曼等人要求参与者就购买房产进行谈判[①]。无论条件如何，对不动产的描述方式都是相同的。对于参与者而言，唯一不同的是有关卖方在购置房产时支付的价格信息。假设逻辑是，该价格不影响主角，因为它是已然损失的资金，无论如何是无法挽回的。然而，人们发现现实与假设逻辑相反，卖方将这一价格当作保留点：他们同意出售房产的最低价格对应于他们购买该房产时支付的价格。更令人惊讶的是，作者也强调了卖方在购买时支付的价格对买方行为的影响。在卖方面临较大资金损失的情况下，买方会大幅提高第一次报价（因此愿意支付更高的价格）。尽管买方面临着巨大资金损失，且并不认为该房产具有更高的市场价值，可是这一结果还是出现了。具体来说，无论是面对产生资金损失的卖方还是其他卖方，所有买方都将相同的客观价值分配给所出售的商品。人们可能会认为买方对房产价值的看法不受影响，而是对卖方表示同情，这种同情会影响买方在谈判中的主张。

我不认为此类信息必定会对买方不利。一切都取决于通过谈判所追求的动机。如果买方的目标纯粹是金融方面的，那么将卖方的资金损失考虑在内，确实会对买方的结果产生不利影响。但是，如果买方追求的目标不是单纯的经济利益，例如，如果他的动机是追求公平的结果，或者如果他与卖方有长期合作关系，那么这些资金

① 克里斯蒂娜·迪克曼、安·滕布伦塞尔、普拉丹·沙阿、巴泽曼、肖布罗克：《谈判中先前购买价格的描述性和说明性使用》，《组织行为和人类决策过程》，1996年，第66期。

损失可能对买方有利。

卖方也不落下乘。在尤西·马拉维等人的研究中[①]，卖方的第一次报价是根据他们关于买家支付能力的了解来调整的。参与者要想象自己是一家软件生产公司的所有者。面对六家购买力不同的公司（以每家公司的市场价值为依据），参与者必须确定对每家公司的第一次报价。结果显示，公司的购买力与第一次报价之间呈正相关：买方的支付能力越强，卖方提出的商品售价就越高。当卖方被要求在提出第一次报价之前要考虑公司的购买力时，这种相关性会更强。另外，越富有的公司替代方案越多。因此，公司可感知的经济实力与其可用的替代方案的数量之间存在正相关关系。

既然买方可感知的经济实力与卖方的第一次报价呈正相关，那么我们也可以认为，第一次报价同样与对公司（即买方）可用替代方案数量的看法呈正相关。

但是，谈判者在谈判中可以利用的权利与他可用的替代方案的数量成正比。谈判者的权利意味着他有能力使谈判对自己有利。

在此基础上，尤西·马拉维等人假设，当卖方在提出第一次报价之前将注意力集中在买方可用的替代方案上时，第一次报价与推断替代方案数量之间的关联模式应该相反。为了验证这一假设，他们要求后半部分参与者在潜在买方要求其确定第一次报价之前（而不是之后），估计潜在买方的可用替代方案的数量。在这种情况下，与另一种情况相反，对替代方案数量的看法和第一次报价之间

---

① 尤西·马拉维、阿西亚·帕西、约夫·甘扎赫：《支付尽可能多的费用：对方的付款能力和谈判中的报价》，《判断与决策》，2011年，第6期。

的相关性为负。也就是说，买方的替代方案数量越多，卖方提出的要求就越低。

总之，卖方提出的第一次报价将取决于他关注的内容。如果卖方对买方的购买力感兴趣，则第一次报价将与买方的财富成正比。买方的支付能力越强，第一次报价就越高。如果卖方对买方可用替代方案的数量感兴趣，则第一次报价将与推断的替代方案数量成反比。买方可用替代方案的数量越多，第一次报价就越低（因为卖方知道他正在与众多潜在卖方竞争）。

约翰的替代方案

基准是指与某要素（例如报价）进行比较以进行评估的参考点。由于一个人比较的基准不同，相同的情况可能会出现收益或损失的不同结果。让我们回到前面买卖汽车的示例中，并着重介绍约翰的替代方案，即9,000欧元。我们可以根据几个不同的基准对此替代方案进行评估。例如，约翰可以将其与保留点（8,500 欧元）或期望点（9,500 欧元）进行比较。当替代方案与保留点相比时，则会出现收益的结果，当替代方案与期望点相比时，则会出现损失的结果。

从收益或损失的角度评估我们面临的情况并非没有后果——收益会使人厌恶风险，而损失往往会增加风险行为。

有研究[①]对上述效应进行了很好的演示，提出以下设想：某国正准备面对一种新疾病。初步分析表明，这种疾病可能杀死近600人。为了解决这一问题，目前正在研究两个方案。然后，一半的参与者不得不在以下两个方案之间进行选择：

---

① 阿莫斯·特维尔斯基、丹尼尔·卡尼曼：《决策框架和选择心理》，《科学》，1981年，第211期。

方案A，200人一定会获救。

方案B，每个人都获救的概率为 1/3，而有2/3 的概率是没有人获救。

面对这样的选择，大多数参与者选择选项A（76%），200人一定会获救的方案被认为比冒险的方案更有价值。对于另一半的参与者，也被研究人员要求在两个方案之间进行选择，这两个方案实际上与前两个方案相同，只是描述方式不同：

方案C，将有400人死亡。

方案D，没有人死亡的概率为1/3，有600人死亡的概率为2/3。

面对这样的选择，与方案D相比，只有13%的参与者赞成方案C。在这种情况下，比起接受可能有600人死亡的更高风险的方案，有400人必定死亡的方案更不可被接受。

因此，谈判的背景极大地影响着所做出的决定。当用收益（挽救生命）来解释情况时，人们宁愿选择确定性也不愿冒险；相反，当从损失（死亡人数）的角度看待情况时，人们则倾向于冒险而不是确定性。

以收益或损失为背景的谈判用同样的方式影响着谈判者的行为。与认为自己的情况为获利状态的谈判者相比，认为自己当前处于亏损状态的谈判者会承担更多的风险，设置更高的期望点，做出更少的让步并陷入更多的僵局[①]。简而言之，与解释为收益状态相

---

① 巴泽曼、马格利奥齐、尼尔：《在竞争市场中获得综合回应》，《组织行为与人类决策过程》。1985年，第34期。
博特、斯图尔特：《整体型谈判中的框架效应与对立面》，《组织行为与人类决策过程》，1993年，第56期。

比，解释为损失状态会导致谈判者表现出更强的进取心和更积极的竞争行为。为了增加对方的让步，谈判者必须领导己方制定基于收益而非损失的思维框架，其基础是必定获得什么，而不是可能付出多少代价。

框架效应会影响风险行为偏好，但在个人的心理影响上损失大于收益[①]。具体来说，约翰在损失500欧元（参照他的期望点）时的痛苦感与收益500欧元（参照他的保留点）时的幸福感相比，心理落差更大。这种对谈判的损失规避增加了谈判者对谈判结果和收益的兴趣。

一些谈判者专注于通过谈判可以获得的收益（最大化收益），而另一些谈判者则首先力图限制损失（最小化损失）[②]。由于在心理上损失大于收益，因此，不同于收益框架，损失框架促使谈判者从谈判中寻求获得更多利益，并更加抵制做出让步。根据这种说法，损失规避比风险偏好更能说明框架效应。

亏损作为框架时，并不一定意味着会出现竞争行为。谈判者面临三种风险：一是战略风险，是指在谈判桌上使用特定策略（竞争或合作）时相关的风险。约翰坚持自己的立场而不做出让步的风险是什么？二是最佳替代方案的不确定性的风险。当约翰与克里斯的谈判陷入僵局时，他如何确定其替代方案始终可用？三是合同风

---

① 阿莫斯·特维尔斯基、丹尼尔·卡尼曼：《无风险选择中的损失规避：参考模型》，《经济学季刊》，1991年，第106期。

② 卡斯滕·德德鲁、范·德·维尔特、卡内维尔、埃曼斯：《双边谈判的成果框架：抵制让步以及框架的采用》，《欧洲社会心理学评论》，1995年，第6期。

险。除其他合同风险外，还存在对方可能不遵守合同条款的风险。例如，如果约翰同意克里斯分期付款，那么他如何确定克里斯能长期偿还债务？虽然在面临战略风险和与最佳替代方案相关的风险时，损失规避会导致谈判者出现竞争行为，但与此同时，谈判者在面对合同性风险且结果价值不确定时，会采取合作行为。

因为基准决定了我们如何看待别人向我们提供的报价，所以基准在确定谈判结果方面起着重要作用。这些基准可以是谈判内部的（保留点、期望点），也可以是谈判外部的（市场价值，我的同事为购买相同商品而支付的价格）。

当价格方面显著变化时，谈判者会把更多的重心放在其保留点上。相反，如果市场被视为不变，且价格相对稳定，则商品的市场价值会更为重要。

谈判专家经常根据这些基准开展工作，以便引导对方从收益而不是损失的角度来理解和阐述其情况，从而增加对方的让步行为。

如何卖个好价钱

前面提到的各种要素，理论上都可以作为谈判的基准。这些要素也可以作为锚点。锚点是做出决策行为的起点。与基准一样，锚点是试探法，是思想的捷径。作为试探法，锚点会产生偏见和判断错误。当一个人必须做出决定并且存在锚点时，他有必要根据锚点调整其判断，以尽可能接近现实。与锚点相关的判断错误是由于调整不足而产生的。

有一个经典的论证[①]证明了这种效应。这个论证要求人们估计非洲国家在联合国拥有席位的百分比。首先，为每个参与者分配一个1～100之间的随机数作为起点，他们必须确定这个随机数字是高于还是低于非洲国家的百分比数；然后，要求参与者提供其对实际占比的最佳估计。结果不言自明。获得高数字参与者给出的占比估计要比获得低数字参与者给出的数值高得多。例如，起点为10的参与者的中位数估计值约为25%，而从45开始的参与者的中位数估计值约为65%。

在谈判中，影响最大的锚点是第一次报价。第一次报价越高，

① 阿莫斯·特维尔斯基、丹尼尔·卡尼曼：《决策框架和选择心理》，《科学》，1981年，第211期。

谈判的最终结果就越高；第一次报价越低，最终结果就越低。

上述即为亚当·加林斯基等人在一系列研究[①]中得出的结果。在他们的第一个实验中，要求参与者二人一组，就出售一家制药厂进行谈判。他们随机将二人组中的一名成员分配为卖方的角色，另一名成员则为买方的角色。买卖双方拥有对工厂相同的信息。根据条件，让一半的二人组由卖方提出第一次报价，而另一半的二人组则由买方提出第一次报价。由于卖方的利益是获得高价，因此卖方的第一次报价很高；由于买方的利益是获得低价，因此买方的第一次报价很低（如图2左侧所示）。锚定效果反映在该图的右侧，代表了由这些二人组获得的最终协议。与第一次报价直接相关的是，与让买方提出第一次报价的二人组相比，卖方提出第一次报价的二人组获得了更高的最终售价。

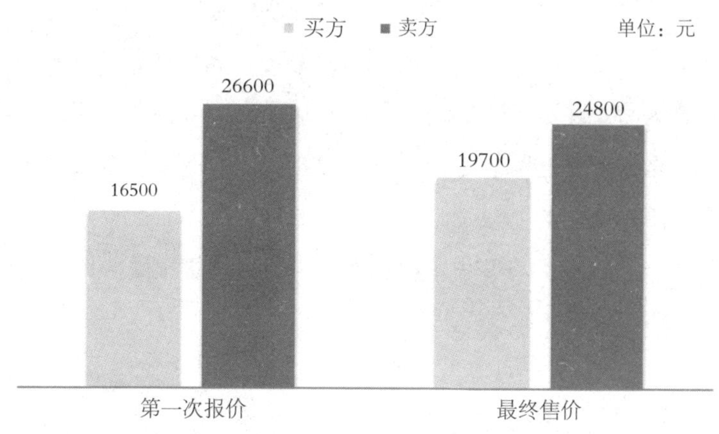

图2　锚定效应图解

① 加林斯基·阿达姆、穆斯韦勒·托马斯：《首先提供的锚点：采取观点和谈判者聚焦的作用》，《人格与社会心理学杂志》，2001年，第81期。

第一次报价的提出方式会影响锚点的强度。人们通常倾向于使用整数（多为10、100或1000的倍数）来提出报价。玛丽亚·梅森等人研究了参与谈判的管理人员和学生以整数表示第一次报价的频率[①]。超过97%的第一次报价是完全舍入后的整数（例如，500或8,000），或只包含两个有效数字（例如，7,600或24,000）。没有人提出精确到1美元的报价。然后，研究者想知道舍入后的整数报价和具体报价相比，哪种最适合锚定过程。由于先前已有研究表明，人们的信心会随着数字准确度的提高而增加，所以玛丽亚·梅森等人假设，数字精确的第一次报价比舍入后的整数报价提供的锚点信息更多。因为数字精确的第一次报价不会受到太大的质疑，所以就不太需要进行调整。这些研究者通过三项研究来测试他们的假设，这些研究证实，与圆形锚点相比，特定锚点产生的调整较少。在第一次还价时会进行较少的调整，并一直持续到最终协议。

研究者通过两种机制来解释锚定效应[②]。我们已经提到了第一个：个人需要进行调整工作，而这种调整通常是不足的。第二个与信息的选择有关：为了做出决定，人们会获取与锚点一致的信息，而不是不一致的信息。

然而，有研究者警告不要在谈判中提出过于极端的第一次报

---

① 玛丽亚·梅森、李·爱丽丝、伊丽莎白·威利：《精确的报价是有效的锚点：和解的反报价和谈判中的知识归属》，《实验社会心理学杂志》，2013年，第49期。

② 加林斯基·阿达姆、吉莲·古、穆斯韦勒·托马斯：《从低处开始或从高处开始：拍卖与谈判的情况》，《心理科学的最新动态》，2009年，第18期。

价[1]。面对过于极端的第一次报价，对方会感到被冒犯，这种被视为冒犯的行为会增加谈判陷入僵局的风险。被冒犯的谈判者宁愿退出谈判另寻他法，也不愿继续与一个过于激进的对手继续谈判。当人们认为经济收益不是唯一时，这一点很重要。例如，在长期关系中，利用锚定效应可能会破坏彼此之间的关系。

此外，当谈判者对讨论的领域知之甚少时，进行第一次报价可能非常冒险。因此，当面对一幅您明显感兴趣的画，而一位艺术品经销商要求您给他一个报价时，请当心。您缺乏专业知识，再加上画作激发了您的热情，这很可能会使您给出一个远远超出该画作在艺术品市场上真实价值的第一次报价。

① 马丁·史威斯伯格、吉莲·古、辛西娅·王、玛丹·皮鲁特拉：《从头开始，以一无所有结束：锚点和权利在谈判中的作用》，《实验社会心理学杂志》，2012年，第48期。

对方不接受你的第一次报价

一旦进行第一次报价和还价，让步过程便即将开始。让步是在假定的对方利益方向上的供应变化，这种变化被视为自身利益的削减。

让步是谈判的基础和关键因素。

首先，严格地说，没有让步，就没有谈判。为了进行谈判，各方必须同意至少修改部分起始立场。然而，与上述定义相反，这种立场的修改并不会伴随着谈判者利益而减少，我们之后会谈到这一点。

其次，即使对方的初始报价非常适合您，但不进行相互交换过程也会造成不利影响。想象一下，如果克里斯直接同意支付约翰提出的第一次报价10,000欧元，约翰会感觉如何？可能并不是很好。

人们在接受让步时有几个原因。首先，在谈判方面，相互让步的过程是标准行为：人们认为这是正确的做法，这是大家对其共同的期望。其次，人们接受让步是为了推动快速协议的达成，以及降低对方离开谈判桌的风险。从这个意义上讲，让步可以保持与对方的关系的质量。最后，人们接受让步，很可能是因为他们希望这种行为通过互惠机制鼓励对手也做出让步。

让步在频率、幅度和时间上各不相同。有研究认为，适当的让步程度遵循一种下降趋势：在谈判开始时做出最大的让步，随着谈判的进行，让步的程度逐渐变小，这表明谈判者正在接近其保留点。

但也有研究与上述内容形成了鲜明对比[①]，认为合作与竞争之间的交替可能会增加对方的让步，缩短双方报价之间的距离，并增加达成协议的可能性（与仅使用合作或竞争的情况相比）。然而，竞争/合作行为模式似乎比谈判者从开始时合作，然后转向竞争的反向模式更有效。换言之，谈判者在谈判开始时展现强硬而又不合作的态度，且几乎不做出让步，后来改变行为，表现出更加合作和增加让步的模式，在使对方做出让步方面更为有效。

区分可能影响让步程度的四个因素：认知因素、社会心理因素、情景因素和与对方相关的因素。从认知因素来说，有一些我们现在很了解的要素，如保留点和期望点，当两者都过高时，可能会减少让步。让步在损失框架下不如在收益框架下重要。社会心理因素包括情感、动机以及独立型或依存型自我建构水平。情景因素是指谈判发生的背景，谈判者是否被观察，他是代表其他人还是代表自己行事。最后，在与对方相关的因素中，人们会了解到对方的情感表达水平或其表现出的行为类型。

面对谈判者做出的让步，对方是否真的会给出积极的反应？相

---

① 约翰·希尔蒂、彼得·卡内维尔：《双边谈判中的黑帽/白帽策略》，《组织行为和人类决策过程》，1993年，第55期。

关研究提出了三种可能性[①]。

第一种可能性是西格尔和富拉克的期望理论提出的，谈判者提出的让步可能会增加对方的期望。期望的增加反过来又消减了对方做出让步的意愿。第二种可能性与前一种相反，古尔德纳的互惠理论假设存在普遍的互惠标准，比如一方的让步导致对方做出同等的让步。任何违反互惠标准的行为都会使对方产生负面反应，并导致合作行为的减少。第三种可能性是建议双方采取预先确定的让步模式，因为对方做出的让步对谈判者的行为没有任何影响[②]。

每个理论都有一些实证数据支持，可以说每个假设本身都有效，一方让步对对方产生的影响将取决于背景因素。然而，这些背景因素至今仍很少被探索。在上述研究中指出，至少违反互惠标准会产生不利影响。如果谈判者没有看到对方让步、做出互惠反应，就会相继产生冷酷攻击性的反应，且不再急于做出新的让步。

---

① 詹姆斯·埃塞尔和S·科莫里塔：《讨价还价中的互惠与让步》，《人格与社会心理学杂志》，1975年，第31期。

② 哈罗德·凯利、琳达·林登·贝克曼、克劳德·菲舍尔：《协商不完全信息下的奖励划分》，《实验社会心理学杂志》，1967年，第3期。

何时选择竞争，何时选择合作

研究人员将分配谈判和综合谈判作了区分。分配谈判是指双方的目标相互排斥的情况，因为其中一方目标的实现与对方遭受的损失成正比。分配谈判的特点是竞争激烈，以牺牲集体利益为代价追求个人利益。相反，当各方的利益不相互排斥并有可能“共赢”时，就会进行综合谈判。综合谈判强调合作和追求集体利益而非个人利益。

前面讨论过的要素（期望点、保留点、第一次报价、基准、锚点）通常出现在关于分配谈判的书籍中。这在一定程度上说明：关于这些要素的研究是在金融交易背景下进行的，其中最常见的是销售和购买情况。

然而，这并不意味着这些相同的要素不会干预综合谈判。即使双方的目标不是相互排斥的，并且确实有可能达成各方都满意的协议，但对于谈判者来说，为谈判做好充分准备仍然至关重要。他们需要知道自己想要什么，是什么激励他们，以及他们试图通过谈判实现什么。他们需要了解自己的极限是什么，不应该跨越什么界限。他们最终将在谈判桌上列出提案，这些提案将对谈判方式和达成的最终协议产生实质性影响。最后，让步也将是必要的。

但是，综合谈判在一些方面与分配谈判不同。综合谈判涉及第一阶段的问题定义、信息分享和建立旨在超越各方的起始立场。让步也要换个角度。在分配谈判的情况下，让步大多是“朝另一方迈步”；而在综合谈判的情况下，各方谈判者共同走向一个方向：他们力图了解其潜在的相互动机，并致力于找到能够充分回应他们的解决方案。从某种意义上说，综合谈判中的让步首先影响的是对谈判者而言无关紧要的事情，目的是避免产生与放弃基本目标有关的失败感。

在本书接下来的内容中，我将很少提及分配谈判与综合谈判之间的这种区别。首先，因为呈现这两种谈判类型的模型主要是规定性的，而不是描述性的。它们只是解释在特定情况下应该如何做，却很少谈论实际发生的情况。其次，因为这两者之间多为理论上的而非实际情况中的区别。很少有“完全”竞争或“完全”合作的情况，即使理论上会产生高度竞争系统的金融交易，也往往具有潜在的合作性。

因此，在我们的示例中，如果对潜在动机感兴趣，约翰和克里斯可以考虑采用一种合作形式：约翰寻找值得信赖的买家，而克里斯以较低的价格或分期付款购买一辆优质汽车。同样，基于合作的谈判也并非没有竞争因素和提出要求的时刻。

分配谈判和综合谈判之间的这种区别的概念是统一体的两个极点，而不是两个截然不同的系统。这可以理解为：不是在每个系统中应该做什么或不应该做什么，而是什么背景和/或心理因素导致感知和行为转移到统一体的一极而不是另一极。

本章小结

谈判的要素

切勿盲目进行谈判。在谈判前先做好准备，思考以下问题。

· 期望点：您想要的最好结果是什么？追求高目标。您的期望越高，得到的就越多。但是要小心，不要太贪心，否则您可能永远无法达成协议。

· 您有什么替代方案？拥有尽可能多的替代方案。您拥有的选择越多，谈判权利就会越多，从而谈成一个对您有利的协议。同样，不要故步自封，要主动寻求更多的替代方案。这种寻找除了增加您的谈判权利之外，还将激励您想要更多，以便补偿您在时间和精力上的投入。

· 最佳替代方案：在您可以使用的所有替代方案中，哪一种最有吸引力？您可以从逻辑上客观地分析每种选择的优缺点。切勿接受低于您的最佳替代方案的建议。

· 保留点：您不希望超出的界限是什么？保持这个保留点作为一个浮标，这可以使您避免一些陷阱。例如承诺升级可能会迫使买方为一个商品支付超过其市场客观价值的金额。不要向对方透露您的保留点（尤其是在分配谈判中）。尽量估计对方的保留点，以确保形成一个可达成协议的空间。

· 第一次报价：您将提出的第一次报价是什么？不要提出过于合理的第一次报价。太接近期望点或保留点的第一次报价没有任何回旋余地。此外，这还将会阻碍您获得高于期望点的收益。提出一个夸张的报价也会向对方传递一个信息：他将不得不坚持与您进行谈判。

· 多个问题：您可以讨论哪些不同的子主题？不要只关注“价格”。除了经济利益之外，还存在其他问题。将讨论扩展到其他方面，可以使达成所有人满意的协议的可能性有所提高，并形成超越仅关注输和赢的讨论模式。对于每个问题，请确定您的期望、限制和第一次报价。

相互影响

谈判是动态的，您的决定会受到对方的行为和情况的影响。

买方的期望和第一次报价，分别受到对卖方的保留点和第一次报价的推论的影响。不要被卖方的资金损失吓到。卖方收购该商品时付出的太多与买方有何关系？买方的期望、限制和第一次报价的确定必须独立于谈判之外进行考虑。但是请注意，金融收益并不是一切。也许买方想保留与卖方的关系，在这种情况下，考虑到其资金损失也是一种手段。

卖方也受到来自买方因素的影响。如果潜在客户很多，卖方可以考虑要求更多。如果潜在客户有多个替代方案，那么卖方就要降低期望。

基准

任何提案都是根据基准进行评估的。所选基准将决定谈判者认为自己是处于收益状态还是亏损状态。从损失的思维框架来考虑会增加期望、机会主义行为和攻击性。

不要陷入框架效应，而是加以利用。引导对方通过谈判带来的收益和利益来看待谈判，避免对方专注于自己的损失。不要被对方定义情况的方式所迷惑，要根据另一个更有利于达成良好协议的框架来重新理解对方向您展示的内容。

锚定和调整

如果有机会，请第一个提出提议。把第一次报价作为锚，后续的所有提议都将围绕其进行调整。如果您的第一次报价涉及数字（价格、百分比等），那么制定这个报价时越精确，锚定现象将越明显。但是，请注意，不要让您的第一次报价过于极端，否则您可能会冒犯到谈判对象。此外，如果您对该领域的了解很有限，请避免第一个发言。

当对方提出第一次报价时，请制定相应策略以抵消锚定效应。例如，考虑一下对方的替代方案、保留点，或是考虑一下自己的期望点。

在拍卖中，锚定效应具有相反的效果。请注意，以低价出售的商品最终要比起拍价高的商品卖得贵。

让步

直接接受对方的提议通常会被误解，所以我们要先讨论，再做出让步。

不要在讨论开始时就做出太多让步，要保持坚定。随着时间的流逝，增加您的让步。然后，对方会积极地看待您的合作行为，他们会以合作的方式做出反应。但是，请注意不要过多地增加这些延迟让步，否则您的对手可能会对此感到怀疑。

回报对方做出的让步，否则人们会对违反互惠标准产生误解，并可能导致强硬和攻击行为。

从竞争到合作

任何谈判都带有竞争性和合作性。在重要的事情上保持坚定，在不重要的事情上更加包容。不要陷入二分法的陷阱，误以为要么战斗（竞争），要么屈服（合作）。现实要复杂得多。

第 2 章

影响谈判的人际关系——相互依赖和利益分歧

从第2章开始，我们将研究关系。谈判的过程涉及个人间的互动，从定义上讲是人际关系。显然，并非所有关系都具有相同的性质①。人们区分家庭关系、朋友关系、同事关系，以及点头之交。有些关系是分成等级的，比如在组织或军事系统中，其他关系则等级成分较少。有的是长期关系，而其他的是单一情况。

① 苏珊·菲斯克:《社会生活的结构：社会关系的四种基本形式》，美国自由出版社，1991年。
苏珊·菲斯克:《控制他人：权利对刻板印象的影响》，《美国心理学家》，1992年，第48期。

谈判双方的三种关系

谈判双方有三种类型的关系：独立、依赖和相互依赖。

独立

当两个人（或两个群体）彼此独立时，每个人都可以在没有对方帮助的情况下实现自己的目标，各方都拥有自己需要的所有资源。在这种情况下，谈判是不可能的。如果我不需要别人来达到我的目标，那我为什么要给自己增加一个使情况更加复杂的负担呢？当人们彼此独立时，他们追求自己的道路，并单独实现各自的目标。面包师不需要屠夫来制作面包，与他讨论面包是没有用的，甚至是彻头彻尾的无用功。

依赖

依赖关系是不对称关系。实际上，一个人只能依靠一个独立的人。因此，各方之间的权利分配是不均衡的。依赖方需要对方来实现其目标，而独立方则完全能够自我满足。因此，独立方有机会根据自己的意愿行使权利。依赖和权利的概念是密不可分的[1]。在这种情况下，也不太可能进行谈判，因为依赖方没有可以提供的任何对等物来换取他想得到的东西，他的处境会根据其谈判对象的意愿而波动。这就是在垄断状态下发生的典型情况。

在经济学中，当个人或群体是买方想要购买的产品的唯一所有者时，就会出现垄断的情况。然后，买方就会依赖卖方，因为卖方代表了买方的唯一选择（否则当然就要完全放弃购买该产品）。卖方没有其他生产者竞争的压力，可以根据自己的意愿自由地设定价格。在垄断或几乎垄断的情况下，卖方主导市场，但滥用支配权通常会受到惩罚。

相互依赖

相互依赖意味着各方需要彼此来实现各自的目标，意味着各方的命运受对方所采取的行动的系统性影响。这种相互依赖在劳动关系和商业关系中体现得更加具体，在爱情关系中更加情感化。因此，相互依赖是进行谈判的必要条件，但谈判只是各方实现自我满足的方式之一。此外，虽然各方都相互依赖以满足其需要，但并不意味着权利在各方之间平均分配。

从理论上讲，相互依赖有两种：正相互依赖和负相互依赖。这两种相互依赖是由各方之间利益的正向或负向共变引起的。当利益发生冲突且呈负向共变时，我们将讨论负相互依赖关系；当利益相似且呈正向共变时，我们将讨论正相互依赖关系。

---

① 凯莉·罗斯布尔、范·朗格、保罗:《相互依赖、互动和关系》,《心理学年度总结》，2003年，第54期。

负相互依赖

负相互依赖是指其中一方所追求的目标与对方所追求的目标直接或根本对立的情况。如果要分配的资源是固定的或有限的，则尤其会发生这种情况。

在这种情况下，一方获得的收益必然会损害另一方的收益。这些收益可以说是相互排斥的，双方处于一种非输即赢的模式之中。

通常用馅儿饼来比喻说明这种情况。馅儿饼是固定资源（实际上是不可能扩展的），并且可能会受到限制（在这种情况下没有其他馅儿饼可直接使用）。如果必须您和我共享这块馅儿饼，则分配的可能性是相对有限的。一种可能性是，双方中的一方得到整块馅儿饼，而另一方一无所获。另一种可能性是，将馅儿饼分成两个相等的部分。还有一种可能性是，一方得到馅儿饼的3/4，而另一方得到1/4。然而，无论选择哪种分配方式，任何一方所获得的收益都直接等于对方所遭受的损失。

当考虑完全负相互依赖的情况时，我们通常指的是零和情况。此指定表示所涉各方的损益总和（称为累计结果）等于零。表2的左侧说明了此观点。无论选择哪种分配类型，损益的累计结果始终为零。

我们再看一下表2中零和情况下的箭头，就会发现第二件事：这些箭头指向相反的方向。这些箭头表示的是各方收益之间的相关性，而这些箭头彼此相反，表明双方之间的收益相关性为负。收益之间的负相关关系仅仅意味着一方收益的增加伴随着另一方收益的减少。

表2　通过将有关当事方的收益和损失相加来说明零和与非零和情况

零和情况					非零和情况				
第一部分		第二部分		累计结果	第一部分		第二部分		累计结果
收益	损失	收益	损失		收益	损失	收益	损失	
+100 ↑	- 0	+0 ↓	- 100	0	+100 ↑	- 0	+ 100 ↑	-0	+ 200
+ 80	- 20	+ 20	- 80	0	+ 80	- 30	+ 80	- 20	+ 110
+ 50	- 50	+ 50	- 50	0	+ 50	- 20	+ 70	- 30	+ 70
+ 20	- 80	+ 80	- 20	0	+ 20	- 70	+ 10	- 80	- 120
+0	- 100	+100	- 0	0	+0	- 150	+0	- 100	- 250

在一些关于谈判的书籍中，负相互依赖情况会在描述分配谈判（法语中也称为立场谈判）的章节中加以介绍。我认为，英文名称和法文名称都很好。在“分配谈判”一词的背后，有一种在谈判者之间分摊（分配）资源的想法。基本上，在这类谈判中，资源是固定的或有限的，各方的任务是尽可能多地要求，以期获得尽可能大的蛋糕份额。法语术语中的立场谈判是指在这种类型的谈判中，各方都采取自己的立场，目标是吸引对方朝着自己的立场方向前进。这些立场是通过需求传达的，而这些需求或要求是各方之间沟通的基础。

负相互依赖的情况侧重于立场、需求、要求、资源分配和非输即赢的方式，通常把从根本上对立的各方之间的矛盾放在首位。

正相互依赖

我们发现正相互依赖的情况与负相互依赖的情况完全相反。在正相互依赖方面，各方的目标不是相互排斥的。这意味着，一方获得其期望的收益并不一定会造成另一方的损失，所有谈判者的目标至少可以部分地同时实现。正如表2右侧的非零和情况所示，此时为非零和情况。在这种情况下，有关各方的损益累计结果不为零。非零并不意味着累计结果将为正值，还需要谈判者能够优化他们的讨论。

以两个人为例，一位是成功的作曲家，另一位是杰出的作词家。我们分别称他们为德尔菲娜和蒂姆。德尔菲娜和蒂姆决定联合创作一首能够进入排行榜前50的流行歌曲。为了实现他们的目标（在本例中，两个主角的目标是相同的），德尔菲娜和蒂姆必须各自投入一定的时间、精力和金钱。这些投资可以视为基础成本、资金损失，是谈判者为实现其目标而必须做出的牺牲。

如果德尔菲娜和蒂姆可以有效地谈判，他们将创作出一首冲破排行前50的歌曲，他们的基础投资将得到超额补偿。在这种情况下，他们将100%实现各自的目标，两个同伴之间累计的收益和成本总和差额将为正。而现在我们假定，尽管在经济和情感上付出了巨大的努力，但该项目却近乎失败，只达到一首滑稽小曲的结果。在这种情况下，任何一方都将一无所获。更糟糕的是，最初投资（时间、精力、金钱）将不会得到补偿，而且这次累计收益和成本的总和差额将为负。简而言之，谈判将导致损失（成本>收益），而不是利益（收益>成本）。

正相互依赖的特点是各方利益之间存在正相关关系。如表2右侧所示，代表双方收益的箭头指向同一方向，正说明了这种正相关关系。但另一方面，“正”并不一定意味着“赢”，因为谈判双方也可能同时遭受损失。

相互依赖的一致性

有必要明确区分正相互依赖和负相互依赖，在谈判中，与两种依赖相对应的不同策略是合理的，但这些概念仅代表同一统一体的理论极点。当然，某些情况比其他情况更具分配性或综合性较少，但大多数情况介于这两种极端之间：理论上，当谈判者的各自目标相互排斥时，往往存在部分可能的合作，就像合作通常也适用于分配谈判的要求。最好的谈判者是那些能够做到随机应变并且两个方面都能应付自如的人。

谈判中合作与竞争的交织与混合动机有关[①]。一方面，合作是进行谈判的必要条件，因为在这一过程中，双方必须调整其初始立场，而相互依赖原则这一概念在实现各自目标方面将谈判者结合在一起。另一方面，不可避免地要进行一定程度的竞争，因为各方都希望达成最接近个人利益的协议。合作意愿和竞争意愿之间的紧张关系使得许多谈判特别困难。

更具体地说，许多谈判是复杂的，并且涉及多个问题。问题的多样性意味着，某些问题将具有更大的合作潜力，或者换句话说，更多地处于统一体的综合极点端。主题数量的增加使得谈判过程的

---

① 托马斯·谢林：《冲突策略》，美国哈佛大学出版社，1960年。

复杂性大幅增加，也会提高谈判者的综合潜力，并通过各有取舍的交换过程来加以实现。我们会在本书第6章谈到这一点。

在我看来，相互依赖是从分配到综合的统一体，而不是按照二分法来理解。人们并非处于全部独占或者一无所获的情况，而是处于两者之间的状态，而且人们在该统一体上的立场会根据所讨论的主题、情况或所处谈判过程的阶段而产生波动。

谈判就一定是竞争吗

除了我们讨论相互依赖时提到的理论方面之外，还有人们对谈判产生的一些天真的概念值得被关注。

当说到谈判时，我们会自发地想到什么？

说到谈判时最容易联想到的是与销售、冲突和说服等概念相关的团体。对一些人而言，谈判是一种商业业务，一个参与者（卖方）通过该商业业务将其拥有的一种商品（无论是有形的还是无形的）卖给另一方（买方），并且必须订立合同以界定交易的条款和条件。对另一些人而言，谈判是一种冲突管理策略。还有一些人认为谈判是一场有关权利和说服力的游戏。

上述三种谈判概念的共同点是各方之间的竞争和对立。从这些观点来看，谈判是对立的。谈判者是不同的行星，每个行星都会对其他行星施加或多或少的引力，直到在彼此的位置之间找到平衡点。如果环境稳定，这种平衡会是最终的，但如果受到的引力或环境发生变化，那么这种平衡通常会受到影响。

例如，当房产的所有者与潜在的购买者协商其房产的出售价格时，各方所追求的目标都是对立的；卖方寻求更高的价格，买方则力图更低价格。当双方达成协议时，他们之间就达到了平衡点。

在所达成的协议将以房屋出售作为结束的情况下，这种平衡是稳定的。但是，如果在签订协议之前，卖方收到了更具吸引力的提议，或者如果买方发现了他更喜欢的房子，那么各方相互影响的比重将会发生变化，平衡将被打破，谈判将继续（或终止），直到达到新的平衡为止。

尽管这些谈判方式并非完全错误，但有两个缺陷。首先，它们是片面的，只反映了谈判过程中最具分配性和要求最苛刻的方面。其次，它们是危险的，因为会产生谈判方式上的竞争和对立行为。事实上，如果我认为谈判就是相互对立和进行竞争，并且认为我周围的大多数人都同意这一观点，那么当我陷入思维定式，我将认为谈判者表现出竞争行为是适当且合理的。

我们产生的期望往往会在现实中得到证实，这主要有以下几个原因。

一是人类的行为具有深刻的规范性，会符合社会所传达的规范。人们越相信谈判的现行标准具有竞争性，就越会以竞争的方式行事。

二是个人倾向于表现出与他人对其期望相一致的行为。这种现象被称为皮格马利翁效应或自证预言，可以通过我们的期望导致自身行为产生微妙变化，以及我们的谈判对象倾向于对我们的行为做出一致的反应。

例如，如果我认为谈判对方会表现出竞争，我可能会表现出微妙的不信任迹象（相距遥远，几乎没有眼神交流），而不是开放的举止（频繁地微笑，上半身前倾）。通过互惠标准[①]，这些讯息将

① 奥利维尔·克莱因、马克·斯奈德：《男女MBA毕业生进行薪资谈判的决定因素和后果》，《应用心理学杂志》，2003年，第35期。

促使谈判对方采取相同类型的行为，从而以竞争而非合作的方式行事。循环结束，我将看到对方的竞争趋势，并得出结论：我对他保持警惕是正确的。

有研究者对竞争期望在谈判中的影响很感兴趣①。他们要求人们预测自己将如何应对一位极具竞争性的对手和一位非常合作的对手。研究人员检验了这些预测，衡量了人们面对竞争者的竞争或合作的期望时，倾向于以竞争方式表现行为。结果表明，行为预测与行为本身之间存在显著差异。尽管人们预测他们对竞争性对手的反应更具竞争性，可是实际上，对他们行为的衡量却表明恰恰相反：他们表现得不那么具有攻击性，要求较低，并且当他们对竞争对手抱有竞争性而非合作性期望时，他们会接受满意度较低的协议。另一方面，与我们之前提到的自证预言现象相一致，来自对手的报告表明，他们的行为与对方的期望相符。对方越期望其对手具有竞争性，对手就越表现出竞争性行为；对方越期望其对手具有合作性，对手就越表现出合作性行为。

除了自证预言外，其他机制也有助于确认期望。确认偏误②促使人们关注并在其所处环境中寻求与他们的期望（他们的假设）相一致的信息，而忽略那些对他们不利的信息。环境越模糊且易于解释，观察者得出的结论就越有可能符合他们的期望。如果谈判对方决定打“扑克脸”牌，并尽可能限制其情绪和思想的表达，确认偏

① 克里斯蒂娜·迪克曼、安·滕布伦塞尔、亚当·加林斯基：《从自我预测到自我失败：行为预测、自我实现的预言以及竞争期望的影响》，《人格与社会心理学杂志》，2003年，第85期。

② 尼克森·雷蒙德：《确认偏误：在许多情况下普遍存在的现象》，《普通心理学评论》，1998年，第2期。

误就很可能在谈判中发生。面部信息的模糊性被解释为敌对行为的象征，将以自己的方式有助于强化谈判必然是一个竞争系统的信念（请参阅本书第7章）。

人们将谈判环境视为竞争，以及无法感知任何合作可能性的趋势被称为零和偏见。任何谈判都在一个统一体上进行，其中一个极点（100%）是纯粹的竞争，另一个极点（0）是纯粹的合作。现在想象一下，我们面临着一个谈判情况α，假设竞争/合作的客观程度可以被估计为40%，即相对于竞争情况而言，合作程度更高。如果谈判者主观认为竞争程度大于40%（见图3），那么零和偏见就会很明显。因此，偏见的概念具体是指谈判者对情况的错误理解，而与所涉及客观竞争程度无关。这种主观情况比实际情况更具竞争性的趋势将导致对需求行为的偏好增加，从而损害了合作行为，并导致采用分配谈判而不是综合谈判策略。

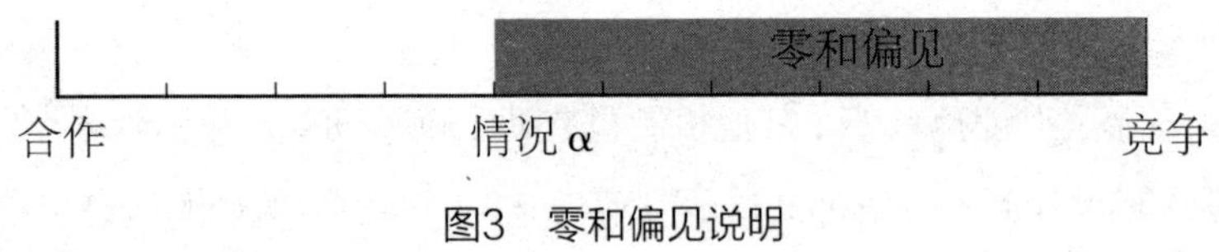

图3　零和偏见说明

酒馆里的金发女郎与囚徒困境

表现出竞争行为总是错误的吗？并不是。首先，在有些情况下，最合理的反应恰恰是竞争反应。其次，合作的有效性需要有关各方同时参与。人们不能独自合作，因为如果这样做的话，这种合作的意愿很有可能会适得其反，而我们将被愚弄。著名的囚徒困境生动地说明了这两个观点（见表3）。

表3　囚徒困境

		吕克	
		保持沉默	告发
马克	保持沉默	6个月监禁 / 6个月监禁	自由 / 10年监禁
	告发	10年监禁 / 自由	5年监禁 / 5年监禁
		吕克	
		选择X	选择Y
马克	选择A	+3,000 / +3,000	+6,000 / −6,000
	选择B	−6,000 / +6,000	−3,000 / −3,000

表3的前半部分模拟了囚徒困境，正如经济学家阿尔伯特·塔克在1950年所说的那样。塔克向我们介绍了两个囚犯（在表3中被称为吕克和马克）。吕克和马克是犯罪的同谋，他们各自被关在一个单独的牢房里，无法进行交流。然后给他们提供两个选择：保持沉默或告发同谋。如果两个囚犯中的一个告发同谋，而另一个保持沉默，告发者将被释放，则其同谋将被判处10年监禁；如果两个囚犯互相告发，两人都将面临5年监禁的较轻刑罚。如果两个人保持沉默，由于证据不足，他们每人将只被关押6个月。

表的后半部分提出了相同的想法，这次是以游戏的形式提出的。在这种情况下，吕克和马克必须分别在两个选项之间进行选择；X和Y为吕克，A和B为马克。 游戏中每个玩家所产生的收入取决于两个玩家各自的反应组合。因此，如果吕克倾向于选项X，而马克倾向于选项A，AX组合将各自获得3,000 分，这是一个相互收益的情况。如果吕克选择选项B而马克选择选项Y，他们将各自被剥夺3,000分，这是相互损失的情况。其余两种组合（AY和BX）的特征是其中一方的显著收益（+6,000分）和对方的显著损失（−6,000分）。

如果满足两个条件，则任何游戏都被视为囚徒困境。首先，收益的多少根据各方的选择而变化：单方面叛逃比相互合作会产生更好的结果，而相互合作则产生比相互竞争更好的结果，最终，相互竞争比单方面合作产生更好的结果。其次，玩家在做出他们的选择之前无法进行交流，并且要同时做出选择。

如果游戏只玩一次，其中获得的一些答案反映了相互竞争的选择，即吕克选择Y而马克选择B（甚至，两个囚犯选择互相告发）。

尽管这一策略注定会给双方带来失败（每个人损失3,000分或5年监禁），但从个人的角度来看，这是最合理的策略。

要想理解这一点，让我们把自己放在吕克的角度。如果我是吕克，我也不知道马克的选择，那么我会对选项Y感兴趣。实际上，假设马克选择了选项A，那么如果我自己选择Y（+6,000分），则我获得的收益将大于我选择X（+3,000分）所获得的收益。同样，如果马克选择选项B，那么我选择选项Y只会使我损失3,000分，而选择选项X会使我损失6,000分。因此，面对囚徒困境，唯一合理的反应就是竞争反应。由两个完全理性的人扮演的囚徒困境无疑会产生相互竞争的反应，这是纳什平衡的独特解决方案：不管对方玩家采取何种策略，每个玩家都从个人利益出发选择最佳答案。

如果同一游戏重复多次，将会发生什么？从长远来看，竞争选项策略对双方中的任何一方都不利。实际上，BY组合的持久性将对每个人造成系统性的重大损失。面对这种情况，其中一位主角可能会决定暂时改变策略，然后选择合作选项。

不幸的是，如上所述，只有当对方也做出合作回应时，合作才能真正获利。但是，在吕克选择选项X且马克坚持选择选项B的情况下，该二人组中合作性最强的一方也将是遭受最大损失（−6,000分）的一方，而最有竞争性的一方将获得+6,000分的丰厚收益。花点时间想想接下来会发生什么……吕克（刚刚遭受重大损失）和马克（刚刚获得重大收益）将在下一轮做什么？

在我的课上学生分组玩了无数次这个游戏，在大多数情况下，参与者的反应是很容易预测的，并且往往很激烈。当结果公布时，合作的组非常失望，并有一种强烈的失败感。相比之下，竞争最激烈的组反而欢呼雀跃。对竞争组来说，最重要的是成功的感觉和更大的利益诱惑。他们远没有考虑到要将对手的合作选择作为建立相互合作战略机会。竞争组赢了，并且还想要更多。在下一轮中，曾试图合作却遭受损失的小组被激励去克服落后的状况，并选择竞争来重新开始；而受到最新成果鼓励的竞争组会继续选择竞争。两个组同时选择竞争，便陷入了相互竞争的体系中。

但是，有时两个组会同时选择合作选项（吕克选择X而马克选择A），或者更常见的是，两个组都认识到竞争战略注定双方都会失败。当建立AX型（合作–合作）组合时，各方都能获得丰厚的收益，没有一方会主动破坏这一系统。

许多研究人员提出了一些建议，试图解释玩家更倾向于选择非理性的合作选择，而不是更为理性的竞争选择的这种现象。

在许多社会情况下，相互合作产生的结果优于相互竞争，尽管每一方都有机会通过与合作伙伴的竞争来增加收益。囚徒的困境是社会困境的一个特殊例子，是个人利益与集体利益相悖的情况。

通过游戏来介绍这种两难困境是有用的，因为相对简单。但是这种简单性反映了许多非常真实的社会情况。如果您有时间，我建议您观看电影《美丽心灵》。电影开头的场景，幽默地阐释了社会困境。在这个场景中，四位男士和他们的四位女伴正在酒馆里小酌。当一位美丽的金发女郎出现时，如果这四位男士同时冲向金发女郎，他们将相互竞争，并且对于大多数人来说无疑会输；如果这四位男士共同商议，离开金发女郎，与四位女伴共度时光，所有人都将成为赢家。

合作系统一旦建立，就会随着时间的流逝而持续下去，合作者之间会相互信任。但是，这种平衡可能会被打破。当我通知学生们已进入游戏的最后一轮时，总会有一群人准备背判他们的合作伙伴。这是孤注一掷的逻辑，即知道与合作伙伴的关系即将结束，并希望合作伙伴能够天真地坚持合作行为，有些人借此来恢复竞争选择，希望获得最终的实质性收益。更广泛地来说，环境中发生的任何变化都有可能打破既定的平衡，关系结束、赌注增加、新伙伴的到来、新的危机等都是建立合作关系的干扰因素。

离婚夫妇的财产分配矛盾

是什么促使人们进行谈判？相互依赖并不一定意味着双方之间会进行谈判。谈判的开展需要几个必要条件。最重要的条件之一是，各方必须感知到分歧存在。我们在这里谈论的是感知而非客观性。重要的不是分歧是否确实存在，而是人们是否主观上感觉到了分歧。

以一对离婚的夫妇为例。过去几个月中的痛苦和冲突逐渐破坏了女士和先生之间的互动，当分配财产时，双方肯定认为，他们必须努力争取最令人垂涎的物品。然而，在不知情的情况下，一个人的愿望也许与另一个人的愿望完全相容：女士想得到家具而先生想要汽车。只有进行谈判，他们才能意识到这种分歧。

分歧可以分为以下几种。

第一种是经典类型，各方所追求的目标可能直接相互冲突（请回顾“负相互依赖”）。当人们寻求不同的事物并且他们认为这两种事物不能共存时就是这种情况。例如，如果家里只有一台电视机，那么我想收看新闻的目标可能会因为孩子们想观看蓝精灵而受阻（在这里没有指定谁拥有最终决定权，不论是孩子还是我）。再举一个相同的例子，如果我想和朋友去度假，我想去沙滩而朋友想去爬山，我们各自的选择对我们来说是不相容的。但是，这种不相容的观点可能与现实相符，也可能与现实不符。如果我们决定去科西嘉岛，一个既可以远足又可以闲逛的天堂，那么每个人都有可能实现自己的目标。

第二种是各方可能追求完全相同的目标，并认为不可能同时实现该目标，特别是在要分配的资源是固定的或有限的情况下。两姐妹为橙子而战是其经典范例[①]。橙子这一资源是固定且有限的，两姐妹最有可能在冲突中找到的解决方案是将橙子切成两半，每个人得到一半的橙子而对所获结果的满意度也只有一半。在这里又一次地，感知和现实不能结合在一起。假设两姐妹其中一个想要橙汁，而另一个想要橙子皮，这样就有了一个所谓最佳解决方案，让每个人都实现其目标并获得完整的满意度。但问题在于更多的是对实际利益的误解，而不是目标的不相容性。同样，谈判可能会在没有真正分歧的情况下揭开面纱。

第三种是各方有一个共同目标（称为超级目标），并且每个人的利益是可以同时实现的（请回顾“正相互依赖”），但各方实现这一共同目标的方法并不一致（分歧可能会破坏合作局面）。在一个组织中，包括经理在内的所有员工都为追求一个相同的目标而努力，即可确保公司利润和可持续性的高效生产。但是，并非所有人都同意执行达到此目标的最佳方法。如果销售部门将注意力集中在所售货物的数量上，而生产经理主要关注货物的质量，则各服务部门之间将形成分歧，这种分歧如果得不到解决，就有可能破坏超级目标，从而造成大家的损失。冲突解决不力将导致公司失败，要么

① 费舍尔、乌里：《逐渐说“是”》，美国霍顿·米夫林出版公司，1981年。

是因为销售人员将面对无法兑现的订单，或者相反，将使用劣质产品来完成订单。

一般来说，人们被认为在以下三种情况下会进行谈判：处理冲突，就有限的资源达成协议或创建新项目。前两种类型理论上与负相互依赖的关系更直接，而第三种类型则直接涉及正相互依赖。但是，这又是从本章中得出的主要结论，谈判是混合动机的情况，既包括竞争要素也包括合作要素。这些谈判的明显目标是找到解决相互依赖互动系统中感知分歧的方法。

本章小结

相互依赖

在某些情况下，双方的目标是相互排斥的。这些情况以竞争为特征，其中一方的收益与另一方的损失成正比。而在其他情况下，则有可能共赢。双方的收益总和不为零。

学习分析您的谈判以确定您所处的背景类型。但是请记住，这种区别只是理论上的，竞争与合作仅代表同一统一体的两极。永远不要忘记，默认情况下相互依赖意味着某种形式的合作。

将谈判视为一种竞争

与到处都能看到竞争的自然趋势作斗争。并不是说不存在竞争，而是人们在夸大其流行程度。永远不要忘记您的期望具有预测价值。如果您将谈判视为一场战争，就不要期待和平。开放您的合作意识，并尝试找到可以与谈判对象合作的方向与内容。

囚徒困境

在许多情况下，最理性的行为是竞争行为。然而，相互竞争比相互合作产生的利益要少。寻求与您的伙伴进行合作，但不要不惜代价与之合作。请记住，如果您的伙伴具有竞争性，他会毫不犹豫地利用您的和解意图来从中获利。

区分给定的情况与实际情况。给定的情况对应于即时收益。这并非唯一的问题。考虑问题的各个方面（即时收益、与他人关系的重要性等）以定义您在这种情况下的实际效能。

在已建立相互合作的情况下，请注意环境中发生的任何变化。环境的任何变化都可能打破平衡。

感知分歧

分歧取决于感知。既有一些个人无法感知到的真实分歧，也有感知到的并非基于任何客观现实的分歧。花时间评估情况。避免先验偏见，并知道如何从感知到的分歧中发现真正的利益分歧。直接向您的伙伴询问有关他们的利益问题，能帮助您揭开误解的面纱。

第3章

知己知彼——掌握双方的动机

在第2章中，我们提到感知分歧是谈判的序幕。这的确是一个必要条件，但还不够。毕竟，除了谈判以外，还有许多解决冲突的其他方法。

一场非常激烈的足球比赛

在足球场上，人们对球队已犯的错误所产生的感知分歧，不会引起长时间的激烈讨论。在这种情况下，当事方会寻求第三方作为裁判，裁判有权将其解决方案强加给当事方。但是，为什么各方有时更愿意将其权利委托给外部人员呢？这个问题的答案之一是，冲突或分歧中的当事方看到和感知到的与现实有所不同。

1954年，阿尔伯特·哈托夫和哈德利·坎特里尔的一项研究特别清楚地说明了这一现象。达特茅斯学院和普林斯顿大学进行了一场非常激烈的足球比赛，研究人员请两支球队的支持者分析比赛过程，53%的达特茅斯学院学生认为两支球队对敌对行为的爆发负有同等责任，而86%的普林斯顿大学学生将错误归咎于达特茅斯队。更引人注意的是，研究人员要求各队支持者查看比赛记录，并计算两队各自实际犯规的次数。根据记录，普林斯顿大学学生计算出的达特茅斯队成员犯规的次数，是达特茅斯学院学生发现己方犯规次数的两倍。

这项研究告诉我们，现实的构建依赖于我们所捍卫的价值观。在这种情况下，所属的一个群体（大学生）通过为我们提供一个解释事件的框架来过滤我们对社会事件的看法。正是这种对现实的主观性理解，导致我们在某些情况下更偏向于相对更“客观”或较少偏颇的第三方观点。在日常冲突中，往往是法官扮演裁判的角色。法官和裁判一样，是既定规则和法律的担保人。当双方无法友好地处理冲突或无法通过直接谈判来解决冲突时，就会来到法庭上，法院有权决定情况的结果（或多或少是令人高兴的）。

裁判或法官的角色通常分配给权威人物（例如，父亲或母亲），或者在公司中会分配给上级。但是，在某些情况下，不存在任何权威，并且各方均不认为第三方的裁决足够公正。在这种情况下，各方仍可以选择另一种谈判方式：由争执、战斗甚至战争引起的公开冲突。选择冲突或借助外部裁判而不选择谈判的情况，部分取决于个人特征，部分取决于情况因素。

在第6章中，我们还将看到存在几种类型的冲突管理，个人在倾向使用武力和强制而非通过谈判解决冲突时，动机方面各不相同[①]。我的一位特别关注暴力和武力使用的同事告诉我，对他来说，谈判就是敲打和欺骗。当我提到谈判的可能性时，他称我为“爱心熊”。

除了每个人的特点之外，环境变化也会迫使个人选择使用武力而非更和平的解决方案。在第2章讨论囚徒困境时，我们已经强调过，合作的解决方案仅在伙伴之间建立某种互惠关系时才有意义。同样，不可能单独进行谈判。谈判的原则就是讨论，而要进行讨论，就必须是双方，否则就是独白。世界上发生的许多冲突都是因

---

① 迪恩·普鲁特、鲁宾：《社会冲突：升级，僵局和解决》，美国兰登书屋，1986年。

为一个（甚至是所有）当事方拒绝谈判。无论您想和平解决冲突的意愿或动机如何，只要您的对手拒绝谈判和调整立场，就不可能进行谈判。

在本章中，我们谈到谈判概念定义的核心。谈判实际上是在接受各方关于其初始立场的相互调整[1]。进行谈判就要认识到，我们最终获得的成果永远不会与我们一开始主张的要求相一致。它不一定会更少，但一定会有所不同。

相互调整往往是通过各方互相接近来完成的。参考买卖双方之间的商业交易，初始立场与根据买卖价格制定的第一次报价和还价相对应。谈判结束时达成的协议通常位于同一价格统一体上，卖方同意降低其要求，买方同意增加其投资，双方都接近对方提出的要求。

相互调整需要创建一个全新的解决方案，并且该解决方案与各方初次见面时所提出的要求无关。在这种情况下，各方不仅会彼此靠近，而且会共同走向另一个方向。

既然除了谈判之外，还有其他解决分歧的方法，那么激励人们进行谈判的真正原因是什么呢？正如我们曾经提过的那样，有些人更倾向于支配、强制和公开冲突，而另一些人则认为应该通过谈判来解决冲突，其他人也由于游戏或挑战进行谈判。

除了上述这些不同的情感之外，促使人们开始进行谈判的还有两种原因：一种是促进性的，另一种是预防性的。在促进方面，人

---

① 罗伊·莱维克、桑德斯、巴里：《谈判》，美国麦格劳-希尔出版公司，2006年。

们相信通过谈判，将获得比不谈判或诉诸其他选择（如应用既定规则、借助第三方或武力）更好的结果。因此，离婚的夫妇认为，与让法官为他们做出决定相比，谈判可以更公平地分割财产。另一个例子是，雇主与新员工开始进行薪资谈判，因为员工认为通过谈判可以获得诱人的薪资，而雇主希望保证这个未来员工的加入及其工作效率。

在预防系统中，激励人们谈判的诱因不是收益，而是希望避免负面后果。当各国开会制定诸如旨在减少温室气体排放的《京都议定书》等协议时，大多数谈判者（但也许不是全部）的首要动机是避免发生全球性灾难的情况。正是这种预防性动机使得许多战争通过谈判而得以避免（另见第10章关于联盟的内容）。

我以我在巴黎的一次研讨会上与人类学家莫里斯·布勒希的见面来结束这一节。充满魅力的布勒希教授是认知人类学的倡导者之一。当我们一起讨论谈判过程并就促使人们进行谈判的原因向他解释我的观点时，布勒希教授指出，我的看法不仅片面，而且有偏见，基本上是基于西方对谈判过程的看法。他认为，这种观念源于对自由意志的坚持。在世界上的其他地方，进行谈判是为了解决人际关系问题，而不是为了做出一个自由或经过深思熟虑的决定。

总之，在面对分歧时，是否优先选择谈判而不是其他具有损害性的方式，取决于参与者的特点、情况因素和环境中现行的社会规范。

己方需求和彼方诉求都不简单

理解谈判动机的一种方法是将有形动机与无形动机区分开。

有形动机是指谈判的主题是非常具体的。谈判的主题可以涉及无数事物。我们可以讨论经济问题（例如，在金融交易中）、关系问题（例如，当一对夫妻讨论自己的财产分配问题时）、程序问题（例如，当公司经理正式制定生产流程时）、伦理问题、道德问题、身份问题等。

无形动机则不易确定，因为它们不那么具体。无形动机反映了所有其他导致谈判者行为的变量，而这些变量却不与谈判主题直接相关。

谈判者通过谈判真正寻求的是什么？

面对这个问题，首先想到的答案是与规范性模型提出的经济方面有着内在的联系。总之，谈判者首先要寻求的就是获得与谈判主题相关的具体信息，这就是谈判的有形动机。最早的动机就是基于谈判者的期望对谈判后取得的结果的影响①。因此，期望反映了与

---

① 西格尔、富勒克：《讨价还价和集体决策：双边垄断的实验》，美国麦格劳-希尔出版公司，1960年。

谈判中所涉及的与主题直接相关的动机，例如，获得的薪资水平，或者试图通过谈判向丈夫灌输能令其改变行为的想法。

谈判者的期望越高，陷入僵局的风险就越高，因此达成共同协议的可能性就越小。但是，如果一开始达成协议的可能性较小，一旦达成协议，期望水平将为个人和集体带来更多利益。

利他主义“合作者”的动机是最大化累积结果（将个人结果添加到对方的结果中）。利己主义者只寻求个人利益最大化。对竞争者来说，重要的是获得比对方更多的利益，而不是一定要得到全部利益。

利他主义者比利己主义者提出的要求更低，并且会做出更多的让步。利他主义者也对自己的合作伙伴更有信心，并相信合作伙伴正在遵循相同的谈判策略。总体而言，利己主义者和竞争者之间的反应差别不大，这也导致研究人员在之后的研究中将他们归为同一类别（利己主义者）。

除了关注利益和关系之外，还有其他类型的动机。人们从谈判中获得的满意度将取决于四个因素：结果评估（他们称其为实用性结果）、关系评估、自我评估和程序评估。我们已经提到了前两个因素，那另外两个呢?

其一，个人非常重视保持积极的自我形象。特别是，个人想要表现自己的能力，想要在谈判中丢面子，想要自己的价值观或意识形态得到尊重。总之，想要保持高度的自尊。其二，个人非常重视谈判程序。要令人满意，必须评估谈判程序是否公平，并且该程序要允许各方表达自己的意见。对谈判程序的评估与对对方的评估并不完全相关。

除了纯粹的经济或实用动机外，群体成员有时会通过谈判寻求建立和加强积极的社会认同感（由他们属于某个团体所产生的认同感），而且这两种动机的相对重要性将对谈判者的行为产生决定性影响。

动机是可变的，业绩理想地反映了个人对自己的动机做出反应的能力，所以不能以完全标准化的方式来衡量业绩。理想情况下，我们应该为每个人专门创建独特的业绩评估标准。谈判中存在着复杂的动机范围，有时不要对所获得的结果进行过于简单的解释[①]。

① 克莱曼、特里普：《关于谈判人员绩效的不同价值观与衡量标准》，《集体决策和谈判》，2000年，第9期。

要钱还是要杯子

我们讨论了谈判中各方所追求的不同类型的动机，但介绍的模型相对笼统，不能预测某些动机会根据情况而变化的情况。例如，双重关注模型告诉我们，参与者选择的谈判策略将取决于问题大小，以及与另一方关系的重要性。但是，这个模型并没有告诉我们任何有关在谈判者眼中可能会调节问题大小的变量。在本节中，我们将讨论这些变量之一：关于谈判人员和交易对象之间的联系。

丹尼尔·卡内曼是诺贝尔经济学奖得主，于1990年和他的同事杰克·克内施和理查德·塞勒一起发表了他们称之为禀赋效应的研究成果。在研究中，这些研究者将参与者分为三组：卖方、买方和挑选者。卖方收到杯子作为礼物，并要估计同意出售杯子的价格。买方给出愿意支付多少钱来获得这个杯子。挑选者被要求在一笔钱和一个杯子之间进行选择。然后，这三种类型的参与者要报出其价格，范围从0美元到9.25美元不等。研究结果显示：超过3美元，挑选者宁愿收到钱而不是杯子；买方同意花费不到3美元（平均值）来获得该物品；而卖方索要7美元（平均值）才愿意出售他们的杯子（因此失去所收到的物品），这超过了挑选者和买方估计杯子价值的两倍。

这些研究所说明的禀赋效应是指当一个人拥有某物品时，该物品在这个人眼中的价值会增加。这种价值的增加反映在买卖双方对物品价格估计的差异上。通过损失规避来解释禀赋效应的话，损失规避意味着损失比收益对个人心理上的影响更大。人们在失去自己拥有的东西时会感到痛苦，在获得自己没有的东西时会感到快乐，而失去时的痛苦比获得时的快乐更强烈，正是这种收益与损失之间的估值差异造成了买卖双方之间的估价差异；买方面临潜在收益（获得物品），而卖方面临可能损失（失去属于他们的物品）。

拥有效应的概念接近禀赋效应的概念，但两者与它大相径庭。虽然禀赋效应将拥有视为一种二元和客观的事物（有或没有），但拥有效应强调事物的主观方面。重要的不是拥有这一事实，而是拥有的“感觉”[①]。这里的拥有是主观的，并且可以从“非常低”到“非常高”变化。

除了客观拥有之外，拥有的感觉更会增加物品的主观价值，从而会增加买卖双方的估价差异。

拥有效应会影响谈判各方面临问题的程度。卖方普遍认为自己拥有的商品的价值要高于买方为同一商品估算的价值。由于主观拥有问题，拥有意识越强烈，卖方想要通过其商品获得的金钱补偿就越多。

拥有效应除了影响对物品的简单货币评估以外，也可以影响其他变量。它可以显著影响卖方的选择。在许多情况下，卖方会面

---

① 亚当、白子、麦达克斯：《谈判中愤怒情绪对于人际影响的文化差异》，《心理科学》，2010年，第21期。

对多个潜在的买方。例如，人们通常更喜欢与与其长相相似的人合作。但是，当他们对物品的拥有感很强烈时，这种趋势是否会加剧呢？同样，人们在面对一个与自己不同、缺乏吸引力或有负面刻板印象的买方时，是否会特别抗拒将自己拥有的东西卖给他呢？

总而言之，本节重点，介绍了物品与个人之间的联系对谈判者动机及其行为的影响。拥有感越强烈，物品获得的价值越高，卖方的利益越多，就会要求更多的金钱补偿，也会选择更具吸引力的买方。此外，若物品与社会上亲密的人之间有密切联系，就会增加了物品的象征性价值，反而降低了卖方进行交易的意愿，并增加了潜在买方对物品的兴趣。

为橙子而战的两姐妹

我们刚刚花了一些时间讨论人们进行谈判的原因，以及他们自身在谈判过程中追求的目标。但是这些动机在现实中如何表达?

总的趋势是谈判者要通过立场表达自己。立场与谈判期间提出的需求和要求相对应。立场是危险的，是冲突管理的障碍，因为谈判者对其产生了一种拥有感，他们将其视为自己的一部分。因此，任何反对或反驳这些立场的行为都被视为对自己的威胁。为了在面对这种威胁时保护自己，谈判者会产生消极的思维和行为，如竞争性沟通或态度两极分化。对于这些作者而言，对立场的关注在一定程度上解释了为什么冲突如此难以管理，以及为什么冲突倾向于升级而不是缓和。

请回想两姐妹为一个橙子争吵的故事（见第2章）。两姐妹都想要橙子，这是她们要求得到的东西，也是她们所采取的立场。虽然立场往往是我们接触对方的第一条信息，但是立场并不会告诉我们任何促使谈判者提出其要求的原因。我们知道姐妹俩都想要橙子，但是她们为什么想要橙子呢? 两姐妹中的一个想要橙汁，而另一个则最想要橙子皮。事实上，谈判者真正想要的和他们说出的要求之间往往存在一定差距。从本质上讲，立场往往比必要更极端，因为它们旨在抵制对方的立场。

罗杰·费希尔和威廉·乌里在其畅销书《谈判力》中提出，立场和利益之间的区别是原则谈判（或综合谈判）的关键之一。他们的观点是，能够确定各方的利益，就是给自己机会发现可能满足各方期望的最佳解决方案。对利益的关注不仅能突出各方利益并不相互排斥的事实，还能为解决问题开启找到更具创造性、创新性解决方案的大门。

虽然将谈判的重点放在利益而不是立场上的原则，能帮助我们找到处理冲突的最佳解决方案，但并不总是适用的。

第一，这一原则要假设谈判者能够获得他们真正的动机。它并不总是像人们想象的那样显而易见。评估我们的利益和动机需要在谈判之前进行准备工作。不幸的是，在许多情况下，谈判者很少开展这项必要的初步工作，新手更是如此。

第二，利益往往不止一项，而且这些不同的利益有时会把我们推向截然相反的方向。假设我刚刚卖掉房子，我必须找到住所，否则很快就会露宿街头。因此，我的首要任务之一是有时间进行谈判。但是，我的经济能力也很有限。所以，我的第二要务是准备投资新房的钱。那么，当我与新房子的卖方进行谈判时，我将如何表现呢？我是会同意支付更多费用以确保快速搬家，还是会冒着月底露宿街头的风险在价格方面毫不退让？我表现出的行为将取决于我排列优先事项的顺序。简而言之，仅知道我们的动机和利益是什么还不够，重要的是能够根据优先级对不同的利益进行排序。

第三，一旦我知道了我的兴趣和优先事项，我还要必须愿意将其传达给对方。这里就会出现信任问题（见第5章）。在谈判中，信息往往是一个重要因素，因为它会增加谈判者的权利。向对方提供信息会有被对方利用的风险：对方可以转移共享信息从而偏离其最初目的（即为各方寻找最佳和令人满意的解决方案），并以此来巩固其个人利益。我们在第2章中讨论相互依赖的问题时，强调了能够处于分布综合统一体上的重要性。就共享信息而言，这个统一体是有意义的。对于分配谈判，研究者建议采用沉默规则；而在综合谈判中，则是公布共享信息。的确，在分配谈判中泄露信息有时会导致重大损失。我们之后再在本书中讨论关于信任的问题。

第四，我们需要知晓对方的利益，而不仅仅专注对方与我们沟通的立场。谈判者有可能落入相应推理过程的陷阱，这个过程导致他们从可直接观察到的数据（如立场）中推断出不可观测到的事物（如利益）。许多心理机制也可能产生错误的推论，零和偏见就是这种情况的一个例证：它引导人们设想追求不相容目标的各方进行非赢即输的谈判[①]。另一个例证是基于人的角色或类别归属的推理机制。然而，还需要能够评估对方同意与我们分享的信息是否确实反映了他的利益，并且对方没有通过使用信息共享的策略来影响我们以从中谋利。在这方面，信任也是这个过程中不可或缺的一部分。

第五，在群体谈判的情况下，群体内也可能有追求不同利益的

---

① 克鲁格兰斯基·阿里：《“正确”的心理学：社会感知和认知的准确性问题》，《心理公告》，1989年，第106期。

子派系[①]。可以激发各方的利益是复杂多样的，如果一个群体的利益不是同质的，并且每个人的利益各不相同，那么该如何满足这些利益呢？关注利益虽然不是万灵药，也不能保证所有人都能获利，但它是最有希望和最有效的策略之一。它需要各方的参与、信任、良好的创造力，以及所有人以牺牲只满足个人利益的解决方案为代价，来获取最佳互惠解决方案的承诺。

在本章的最后，我们将注意到谈判者的动机是复杂的，并且远远超出了经济框架。它包括心理变量，例如与对方的关系，对程序、价值观和意识形态的感知，以及参与者与需要被谈判的物品之间的联系。满足谈判者的需求并为自己寻找最佳解决方案的最有效方法是关注各方的利益，而不是关注他们在谈判中所采取的立场。然而，要获得真正的动机和利益并不容易，而且会使解决问题的过程复杂化。

---

① 沃尔夫冈·斯坦内尔、卡斯滕·德德鲁、埃尔西·乌维汉、吉米娜·拉米雷斯·马林：《当选民说话多方言：鹰派少数民族的代表进行谈判的相对说服力》，《组织行为与人类决策过程》，2009年，第109期。

本章小结

促使人们进行谈判的原因

有许多方法可以处理差异。当无法进行谈判时，人们可以向裁判或法官提出上诉。只有在各方都承认裁判是合法和公正的情况下，诉诸裁判才会有效。当没有第三方可用时，人们有时会选择暴力的解决方案。

当您和谈判对象都确信通过谈判可以让自己获得更多或更好的结果时，或谈判可以为各方都避免不良后果时，您会选择谈判。

谈判比其他解决分歧的方式更有利。在情感优先于理性的激烈冲突，以及信任破裂的关系中尤其如此。谈判需要最低限度的信任（至少要相信对方会遵守协议的条款），而且很难不怀疑以前曾背叛过我们的人。

努力建立对方对您的信任。用论据向他解释：谈判可以互惠互利。但是，当谈判对象情绪激动时，不要进行谈判，否则您将面临一堵墙，甚至可能会被这个过于情绪化的对手利用。

激励谈判者的因素

有形动机是与谈判主题直接相关的动机。无形动机是指影响行为的其他因素。时刻关注无形动机！如果您的对手试图获得良好的经济结果（一个有形动机），他也将追求其他目标（多个无形动机）；例如，不丢面子、兴奋地接受挑战、维护自尊（尤其是通过尊重某些价值观，例如，正义或公平）。

在谈判中考虑的最常见动机：

· 经济或金融动机：根据与所涉主题直接相关的期望来界定。

· 关系动机：它既与特定情况的特征（见双重关注模型）相关，又与个人的特征（见社会价值取向）相关。

· 与自我相关的动机：谈判者主动寻求提升并保持积极的自我形象。

· 与过程相关的动机：与对过程和公平进程的感知有关。

谈判不只是与实现经济目标相关的单一概念。学会思考自己和对手的心理动机。

在有用性方面理解动机和收益。对于谈判者来说，有用性会帮助他思考追求的所有动机，并形成可以客观评估情况的最恰当的概念。

在评估谈判者的表现（无论是您还是其他人）时，请参考有用性的概念；只有在考虑到所追求的所有动机时，对表现的评估才有意义。

禀赋效应、 拥有效应和禁忌交易

我们赋予事物的价值（或我们捍卫的立场和观点的价值）会随着我们对事物产生的拥有感和这些事物在我们心中的象征地位（例如，禁忌交易）而增加。

根据禀赋效应和拥有效应，卖方越重视他的所有物，他就越抗拒让步。使卖方降低要求的一种方法是让自己对他有吸引力（例如，强调彼此的相似之处、共同点），从而减少他因放弃心中珍爱之物所产生的心理不适。

立场与利益

谈判的动机是通过立场和要求来表达的。这些立场是处理冲突的障碍，因为个人认同它们。反应性贬值现象加剧了这一问题。

不要依赖立场。在他们背后，力图了解其背后真正的动机和潜在的利益。实现这一点的最佳方法是，多问自己“为什么”。

请记住，行为背后通常有多种利益和多个动机。为您的各种动机建立优先顺序。对最重要的利益要坚定，对外围的动机要灵活。

与对方共享有关其动机和利益的信息需要足够的信任。获得有关对方的信息也不容易。关于这些主题更深入的讨论，请参阅第5章。

第 4 章

“赢得对手”比“赢得谈判”更重要——满意度

我现在就急于讨论谈判后满意度的问题似乎很荒谬。或许，在研究谈判的过程之后，再讨论满意度的话题似乎更为合理。而我选择在本书的开头谈论它，原因有二：一是满意度问题在很大程度上取决于谈判者所追求的利益。因此，在涉及动机的部分之后立即讨论满意度是有一定逻辑的。二是满意度不仅仅是由谈判者获得的客观结果决定的。在谈判开始之前了解可能影响各方满意度的因素，从而促进已达成协议的持久性和各方之间关系的可持续性。

从双方的根本需求出发

谈判中的满意度问题要复杂得多。人们可能会认为满意度的主要决定因素与客观结果有关，然而这并非无可质疑。请回想一下主观结果与客观结果的区分[①]，个人对主观结果赋予的价值至少（如果不是更多的话）与其赋予客观结果的价值同样多。

主观结果是指与对方的关系、使用的程序、自我的评估和积极性。这些都是谈判者追求的无形动机，它们与谈判的主题没有直接联系，但在谈判的过程中起着至关重要的作用。谈判中采用主观方法来达成满意度的想法，并不是说协议的实际条款不重要，而是强调客观结果并不是决定满意度的唯一重要变量。定性评估（而不是定量评估）也发挥了作用。

卖方在客户身上花费的时间越长，客户感受到的服务质量就越高，从而对谈判结果也就越满意。但是，时间并不是一切，它必须是有质量的。如果卖方对自己的工作条件不满意，这种不满会对他与客户的关系产生负面影响。

此外，卖方的价格优惠并不直接影响客户的满意度。最新结果证

---

① 詹妮弗·穆勒、贾里德·库尔汗：《谈判中的情商和对方情绪诱导》，《冲突管理杂志》，2006年，第17期。

实了，与客观结果相比，主观结果在决定谈判者满意度方面更重要。

除了强调主观结果对谈判者的重要性以外，还有两个关键方面。一是个人感到的满意度与结果的真实程度几乎没有关系。这告诉我们，个人实际上很难正确分析他们从谈判中获得的信息。二是在谈判者未来的行为和意图方面，主观结果的满意度具有更强的预测能力。对追求无形动机所获得的结果表示高度满意的人，也是在谈判结束几周后与伙伴进行新的互动并与其保持专业关系最积极的人。

除了关系之外，谈判过程是影响谈判者满意度的另一个重要的主观因素。分配正义和程序正义之间存在区别。分配正义与人们对资源分配方式的偏好有关，而程序正义则强调导致特定资源分配的决策过程的重要性。如在第3章中所讲，人们往往特别重视谈判程序（参见第61页）。在谈判中也是如此。对谈判程序公平的看法增加了谈判者对谈判所感受到的积极情绪，并减轻了他们在面对令人失望的客观结果时可能感受到的消极情绪。

我们不应该相信主观结果和客观结果必然是互相对立的。人们会对谈判期间取得的经济成就感到非常满意，同时也会对谈判过程或与合作伙伴建立的关系感到满意。尤其是从长远来看，获得主观上有利的结果可能会增加经济利益。

牺牲经济利益未必会增加谈判者对社会心理需求的满足感。有研究者研究了那些为了与合作伙伴建立和谐关系而愿意牺牲经济成果的谈判者。为了维护与合作伙伴的关系，具有较高社会归属感需求的谈判者减少了他们的经济野心，并转移了他们对谈判桌上提出的具体问题的注意力。不幸的是，这些策略是无效的，并没有达到谈判者追求的目标。结果的恶化会大大降低谈判伙伴与该谈判者未来进行社交互动的意愿。

我本可以得到更好的结果

满意度既取决于所获得的客观结果，也取决于主观结果。但是，人们因拥有的信息太少而不能充分评估自己的表现，如何确定某一特定结果是好是坏，对其满意还是不满意呢？

人们唯一能够判断所发生事情好坏的方法，就是将他们的结果与基准、规范和标准进行比较。这些规范和标准可以具有社会性质（在人际比较系统中），也可以不具有社会性质（在个人内部比较系统中），并且会在多个层次上进行比较。所有这些方法的共同点是，自下而上型比较（即获得的结果低于比较标准）通常比自上而下型比较（即获得的结果高于比较标准）的满意程度要低。

个人内部比较

综上所述，谈判者使用的某些比较在本质上是个人内部比较。在个人内部比较中，通过三种方式进行：第一种是将其当下的结果与过去的结果进行比较；第二种是将其已获得的结果与谈判前制定的期望进行比较；第三种是将其已经拥有的事物与本来可以得到却未得到的事物进行比较。

在第一种比较中，谈判者将在当前谈判中获得的结果，与他们以前在类似谈判中获得的结果或将来可能获得的结果进行比较。我现在拥有的比过去拥有的更好吗？我目前的职位比以前的职位更有利吗？例如，假设您想换工作。当您必须评估未来的雇主在谈判中提出的薪资提议时，很有可能会与您目前职业情况下的薪资进行比较。

谈判结束时的满意度也受谈判初始时制定的期望的影响。满意度既取决于实际结果，又取决于实际结果与期望结果之间的差值。获得的结果超出期望越多，则满意度就越高。相反，当获得的结果低于预期时，谈判者会感到不满。正如我们已经提到的，在谈判中，谈判者通常可以比较两个重要的基准。一方面，保留点是指谈判者不希望超出的限度。另一方面，期望点是指谈判者追求的目标，或者换句话说，是其希望达到的理想目标。在业绩评估谈判结束后，保留点和期望点都可能被当作比较的基准或标准。

如何解释专注目标的人和关注自己极限的人，对相同结果所产生的满意度差异？请记住，自上而下的比较通常比自下而上的比较更令人满意。

第三种个人内部比较是我所得到的和我本来可以得到的事物之间的比较，这被称为反事实思维过程。反事实思维可以是自下而上的，也可以是自上而下的，该思维的走向会影响感受到的满足感。

有相关研究对奥运会运动员的满意度进行了调查，尤其是将铜牌获得者与银牌获得者的满意度进行了比较。结果表明，与预期相反，铜牌获得者比银牌获得者的满意度更高。对于这种自相矛盾的结果的解释是，由这两种类型的运动员激发的反事实思维（可能发生的事情）指向了截然相反的方向。对于银牌得主来说，反事实思维是他们可能获得却未获得的金牌（自下而上的比较）；对于铜牌得主来说，反事实思维是根本没有获得奖牌（自上而下的比较）。

激发反事实思维的原因之一是一系列意外、异常或非典型事件的发生。直接接受第一次报价，比经过长期谈判却得到较差结果的满意度还低。直接接受报价对满意度的负面影响，可以用这种情况下产生的大量自下而上的反事实思维来解释。简而言之，人们认为，如果谈判对象直接接受了他们的提议，他们肯定本来可以获得更加有利的结果。直接接受报价表明：他们要么高估了物品的基本价格，要么该物品有不明显的缺陷。

人际比较

人们不仅会与自己比较，还会经常将自己与别人进行比较。第一个强调人际比较重要性的是莱昂·费斯汀格（1954年）的社会比较理论。其坚持的想法是，当个人面临模棱两可或主观的情况时，他们会利用周围的人来进行自我评估。在谈判中，比较的第一个目标是对方。

有研究者研究了谈判内部比较对感知满意度的影响。无论背景如何（专业或私人），也无论与对方的关系如何（积极、消极或中立），人们总是特别注意与谈判伙伴之间的收益分配进行比较。实际上，这种比较的利益远远超过了他们评估自己收益的绝对价值。他们将结果的社会效用与客观效用进行对比。社会效用取决于谈判者与对手的收益之间的差异，而客观效用仅取决于个人收益的绝对价值。该研究的数据表明，虽然不均等分配中处于优势地位的个人面临的问题较少，但是大多数个人表现出倾向于平等分配收益（和成本）。

然而，社会效用的重要性并不是对所有个人都一样。正如我们在第3章中所讲到的，人们对社会价值的取向各不相同。虽然一些人的动机仅仅是最大化其个人收益，但其他人则倾向于最大化累积结果（谈判双方都有的良好业绩）。

除了对动机的影响外，社会价值取向也影响谈判者的满意程度。在业绩相当的情况下，利己主义者往往比利他主义者的满意度低。研究者对这些结果提出了两种解释。一是在谈判前制定的期望方面，利他主义者的期望要低于利己主义者。较低的期望会产生较高的满意度。二是与只将注意力集中在个人收益上的利己主义者相反，利他主义者在谈判中有两个满意度来源——对个人结果的满意度和对对方结果的满意度。这种双重来源增加了利他主义者对谈判表示满意的可能性。还有另一种类型的比较，即谈判者在谈判系统之外进行的比较。这就是他们所说的外部比较，并且与内部比较形成对比。

如果您在经销商处以15,000欧元的价格买了一辆新车后，得知您的邻居仅支付了13,500欧元，或者相反，他不得不对一辆完全相同的车支付超过16,000欧元，那么您的满意度会如何？

有研究者指出，内部比较和外部比较对谈判者的满意度产生的影响具有本质上的不同。虽然外部自上而下的比较往往会增加满意度（与邻居相比，我在谈判中获得了盈余），但在内部进行同样自上而下的比较（与对方谈判者相比）却不利于其满意度。把注意力集中在对方的收益上，会使谈判者看到所有错过的机会。即使比较是自上而下的（对手得到的比我们少），我们也不禁会认为我们本来可以得到更好的结果，而这就是降低我们满意度的原因。

谈判者在什么条件下会选择内部比较（个人内部比较和人际比较）而不是外部比较？换句话说，人们如何选择基准来比较业绩评估并决定其满意度？

有一项研究回答了这个问题的一部分。该研究重点分析了两个特定的基准：保留点和市场信息。市场信息是有关在类似交易中出售的商品或物品的价格信息，属于公共领域，并且可以作为业绩评估的基准。

上述研究认为，背景决定谈判者是否优先关注保留点或市场信息。当背景隐含地展现许多买方和/或大量商品的存在时，谈判者将预计售价几乎没有什么变化，并且会非常关注市场价格。当背景展现有限数量的买方和/或有限商品的存在时，谈判者将预计价格会有更大的变化，并倾向于更多地关注个人内部基准，如保留点。

有预谋地提高满意度

在上一节中，我们了解到满意度在很大程度上取决于谈判者进行的比较，以及谈判者在这些比较中使用的基准类型。接下来，我们将讨论决定满意度的因素，以及与让步模式、与对方的关系类型、情绪和沟通方式相关的影响。

我们已经提到了其中的一些背景因素。前面讨论过，虽然立即接受第一次报价获得的收益客观上高于谈判后获得的收益，但这样会降低满意度。在关于对方表现的让步模式的研究中也获得了类似的效果。

在对方立即让步、逐渐让步、太晚让步的情况下，谈判者的满意度是不同的。对方的立即让步使谈判者产生了最低的满意度（见图4），这是由于对交易物品产生了负面的评估。而逐渐让步产生了对对方最积极的评估，例如，参与者更倾向于与后者进行新的谈判。太晚或立即让步都会降低对谈判伙伴的满意度。

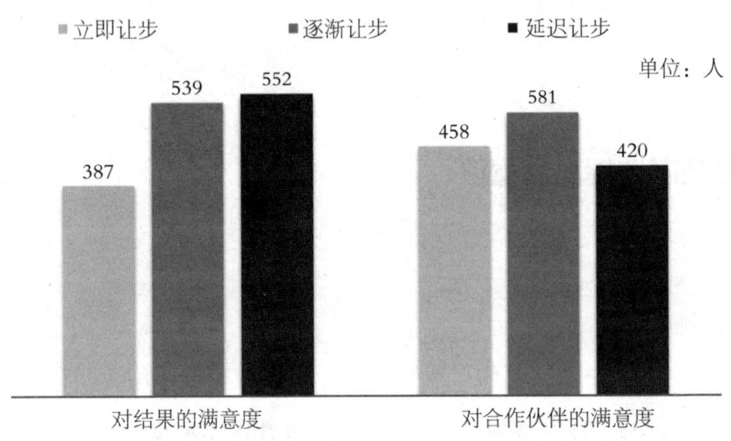

图4 不同让步模式导致的对结果和谈判伙伴的满意度

通过比较系统，我们看到谈判者的满意度根据相对个人收益（相对于对方）的变化要多于绝对个人收益（其个人收益的客观程度）。为了评估对方的表现，谈判者会将注意力集中在对方的客观收益或对方对结果赋予的主观价值上。观察对方的情绪表现是获得这种主观价值的一种方式。快乐的对方是认为自己已经达成了理想交易，失望的对方是认为自己表现不佳。

对方表达的这些情绪如何影响我们自己的满意度[①]？无论在谈判中的客观结果如何，当谈判者面对失望的对方时更有成就感。然而，这种成就感会因对自我的积极性明显较低而受到抑制。

影响满意度的另一个背景因素是谈判者对关系的期望。谈判后的满意度可以预测双方在未来互动的期望，反向推论也是如此。存在两种关系下的满意度：要么谈判者考虑长期关系，要么谈判者考

① 利·汤普森、凯瑟琳·瓦利和罗德里克·克莱默（1995年）。

虑短期关系。对关系期限长短的期望有两个层次：一是满意度和客观结果之间的联系只存在于短期关系中。在单笔交易中，客观收益与满意度密切相关。而当谈判者的期望与长期关系有关时，获得的收益多少并不能决定满意度。二是长期关系会使谈判各方的满意度都处于同等水平。各方之间的这种平衡使他们倾向于建立和谐、平衡的未来关系。

最后，我要讨论的一个背景因素与谈判的沟通方式有关。随着新技术的发展，交易机会也有所发展，但很少有与使用的媒体对所得结果的影响有关的研究。

有研究比较了四种类型的媒体：面对面讨论、视频会议、电话和网络通信。这些媒体尤其因向谈判对象传达的信息的丰富性（手势和表情、语调等）而有所不同。结果表明，所用媒体的丰富性会影响交易所需的时间、对结果的满意度和对未来互动的意愿。

具体而言，所用媒体的信息越丰富，交易持续的时间就越短，谈判者对结果的满意度就越高，并且他们越愿意与合作伙伴进行互动。值得注意的是，作者没有发现面对面谈判和视频会议谈判之间存在显著差异，这表明他们认为在不能进行面对面讨论的情况下，视频会议可以有效地替代面对面讨论。

满意度有利于获得长期回报

在本章中，我们一直在研究满意度的决定因素，谈到了满意度的不同形式（与客观结果和主观结果有关），强调了基准的重要性，还介绍了情况决定因素。个人结果的最大化对谈判者满意度的影响有限，与经济理论和纯粹理性谈判者的形象相去甚远的是，心理变量决定满意度的倾向。

但是为什么这一切如此重要呢？

首先，谈判后的满足感对于维持各方之间的和谐关系至关重要[①]。满意度和继续与谈判对象互动的意愿之间存在密切的联系。买方感到的满意度也与他们是否愿意向朋友推荐卖方有关。

其次，对达成的协议感到满意对于确保对协议的支持至关重要。实际上，不满意的谈判者更有可能对协议（或协议中的某些要点）质疑，或者在执行时违约。

通过谈判达成的协议比未经谈判达成的协议（直接接受第一次提案）更有意义。综合谈判比分配谈判的协议更为令人满意。简而

---

① 巴里、奥利弗：《两方谈判的影响因素：模型和命题》，《组织行为与人类决策过程》，1996年，第67期（第2版），127—143页。

言之，通过综合各方的利益和目标，而不是采用竞争性或强制性的策略进行谈判，更有利于开发出高质量的解决方案、产生公平感和信任。

我们回顾一下第3章的立场和利益之间的区别。回应谈判者的根本利益而不是他们提出的要求，无疑是通向满意度的最佳方式。

在结束本章时，我要指出两个判断偏见，这些偏见有损个人在谈判中的表现。

第一个偏见是人们倾向于差强人意。这就是“满足”，而不是最优化。个人倾向于接受中庸，而不是寻求能够满足各方利益的最佳协议。

第二个偏见是人们评估自己的表现能力非常低。实际上，即使结果不佳，人们也常常认为自己表现出色。

为了延续良好的未来关系和对协议的支持，谈判双方感受到的满足感可能比客观结果更为重要。然而这两个方面并非不相容，人们可以梦想一个理想的世界，结果和满意度将在其中携手共进。

本章小结

客观结果和主观结果

个人对协议的客观结果和主观结果同样重视。与动机一样，在满意度评估中，要注意谈判的无形因素：心理变量（关系、程序、自我形象）。

在长期关系中，请确保您获得主观上令人满意的结果：主观结果是长期行为的决定因素，远比客观结果影响更大。

不要简化客观结果和主观结果之间的区别：

（1）两者不一定是对立的；（2）牺牲经济利益（客观结果）并不一定会增加对社会心理需求（主观结果）的满意度。

比较系统

满意度取决于个人使用的基准（规范和标准）。自下而上的比较（低于比较标准）不令人满意，自上而下的比较（高于标准）是令人满意的。

在个人内部比较中，个人将自己与自己进行比较：随着时间的流逝，会比较自己的期望，比较自己本可以得到的东西。在谈判中，通常会对保留点和期望点进行内部比较。使用保留点比使用期望点作为比较标准更令人满意（但会导致较差的客观结果），因为保留点会产生自上而下的比较，而期望点通常意味着自下而上的比较。使用框架策略来帮助您评估对手的结果：将注意力集中在对方相对于保留点所获得的收益上，而不是其相对于期望点所遭受的损失上。

反事实思维与面对“我本来可以获得的事物”时所感受到的失望有关。这种机制解释了为什么直接接受报价产生的满意度比通过谈判取得不太好的客观结果还要低。永远不要直接接受对您提出的提议：不谈判不仅会减少您的客观收益，还会降低对方的满意度。

结果的有用性取决于与对方获得的收益有关的人际比较。我们谈论的是社会效用。社会效用尤其受到社会价值取向为利他主义者（而不是利己主义者）的重视。

避免将对手的注意力集中在自己的收益上，即使您的收益少于对方的收益。否则会导致对方考虑可能错过的机会，也会降低对方的满意度。

有预谋地提高满意度

影响满意度的一些因素：

· 让步模式：为了增加对方的满意度，请选择逐渐让步（而不是立即让步或太晚让步）。

· 情绪反应：不要过于公开地表达您对所得结果的满意，这可能会降低对方的满意度；也不要太失望，这肯定会增加对方对自己结果的满意度，但可能会损害对方的自尊心。

· 关系类型：在短期关系中，满意度与获得的客观结果直接相关；在长期关系中，获得收益的多少并不决定满意度。能够区分并以不同的方式应对长期和短期关系，将对满意应大有助益。

· 沟通方式：面对面谈判（和视频会议谈判）会产生更高的满意度。当与合作伙伴的关系很重要或利害关系很重要时，更倾向于采用既可以保持关系又可以获取更多信息的沟通方式。

满意度的重要性

永远不要低估各方在谈判结束时的满意度的重要性。各方的主观满意度至关重要：

· 保持和谐的关系（尤其是考虑发展长期合作伙伴关系）。

· 支持和执行协议（尊重并执行决定）。

不要把自己局限于一个良好的客观协议上。您的谈判对象是人，并且对心理需求有反应。尽管协议可能完美无缺，但只有当其在主观层面上满足各方时，协议才真正有效。

要优化协议，而不是对协议感到差强人意。为了正确评估您的业绩，您必须首先具有完成任务所需的能力。因此，请毫不犹豫地征求谈判专家的意见，以正确评估您的业绩。

第5章 顺利开展谈判的前提——获取对方的信息

个人谈判的第一条建议往往是尽量多地了解自己。本书第1章说明了掌握与自我相关的信息对谈判者的重要性。了解自己的动机和影响满意度的因素，确定一系列谈判的主题，建立期望点和保留点，了解对方的替代方案和最佳替代方案，这些都是顺利进行谈判的基本要素。

第二条建议是尽可能多地了解对方，本章将重点介绍如何更高效地获取对方的信息。

高质量信息有利于谈判

对于谈判专家来说，获取有关对方的信息有很多好处，我们可以通过最大化有效性（同时考虑到有形动机和无形动机）和减少判断偏见来提高信息的质量。

个人常常对对方的利益抱有误解就进行谈判①。这些误解主要来自著名的零和偏见（一种认为各方关系比实际更具竞争力的倾向）。通过这种偏见，谈判者推断对方追求的目标与自己的完全相反。当个人在谈判过程中意识到存在兼容利益时，就增加了他们的业绩。

有研究者研究了零和偏见的影响。导致达成次优协议的，是由于谈判者正确处理了对手的错误或不完整的信息，还是由于他们错误地处理了准确、完整的信息？换言之，是由于信息搜索不当，还是由于对所获信息的处理不当？

在他们的一项研究中，这些研究者操纵了零和情况的期望。有一半的参与者认为，他们身处于一个各方利益相互排斥且竞争激烈的系统中。另一半参与者是在混合动机的情况下，他们了解其所处背景既有竞争性，又有合作性。然后，一些参与者收到了有关谈判

---

① 利·汤普森、里德·哈斯蒂：《谈判中的社会观念》，《组织行为与人类决策》，1990年，第47期。

对方偏好的完整信息，一些参与者则没有收到任何信息。

首先，研究者为参与者提供了向对手提问的机会。这些问题被外部裁判认定为具有竞争性，或表明对冲突处理采取混合动机的方法。结果表明，抱有高度零和偏见的参与者提出的问题更具竞争性，而对混合动机产生期望的参与者提出的问题更多与混合冲突处理方法有关。这些结果支持零和偏见影响谈判中信息搜索的假设。谈判者的期望越具有竞争性，他们越倾向于寻找有竞争性的信息。

其次，研究者指出，在谈判结束时，具有混合动机和拥有对方全部信息的人，获得的累积结果明显高于其他人的。相反，抱有零和偏见，并且没有任何有关谈判对象的信息的人，获得的累积结果最低。这些数据还表明，零和偏见不仅影响信息的搜索，还会影响信息处理。

信息虽然重要，但不必大量提供。首先，过多的信息会扼杀有效信息的接收，并可能导致谈判者认知超载。其次，信息过剩可能会将不相关的信息引入谈判。因此，要提供高质量的信息，尤其是那些关于对方的偏好而非要求的信息。这种高质量信息的传输一般不像看起来那么明显。

高质量信息有利于谈判。但如果在对对方一无所知的情况下掌握了对方的信息，那么己方的利益反而会减少。

信息的影响还可能取决于情境因素。一方面，在各方利益根本对立的完全分配背景下，有关对方的信息可能会因社会惯例和锚定机制而损害谈判者。我们在第1章已经了解到，当对方的保留点被揭露时，对方为了获得其损失的资金或考虑可用的替代方案，会向下修正期望。另一方面，当谈判可能达成一项综合协议时，只要信息涉及基本利益的交换，而不是立场的交换，它就会转化为有效现实的关键决定因素。

掌握更多、更确切的信息

基于大多数谈判都带有一个具有综合潜力的雏形，信息作为一张王牌，建议谈判者都去搜寻它。有一项研究展示了信息搜索对谈判者行为和结果的影响。研究者要求参与者分组模拟雇主和新员工，然后就六个主题（工资、绩效奖金和晋升空间等）进行谈判。

其中一个主题是关于准予休假的天数。有一半参与者扮演员工，并得知公司有一项政策是向员工提供14—24天的休假，并且，入职头两年，员工可以享受20天休假。另一半参与者只拥有部分信息，即公司通常向员工提供14—24天的休假。只拥有部分信息的参与者会对内容有所迟疑。处于不确定状态的员工，可以选择在没有详细信息的情况下进行谈判，或在开始谈判之前询问详情。所有参与者无一例外地要求获得信息，并因此了解到，在入职头两年，他们将享有至少20天的休假。

在谈判时，所有参与者都拥有完全相同的信息，但有些参与者从一开始就接收了该信息，而另一些参与者必须通过询问才能获取这些信息。结果表明，与拥有信息而无须搜索的人相比，那些必须主动对讨论主题进行信息搜索的人会取得更有利的个人结果。此外，信息搜索的效果只对单一讨论主题产生影响，而其他讨论主题的结果并没有发生变化（见图5）。

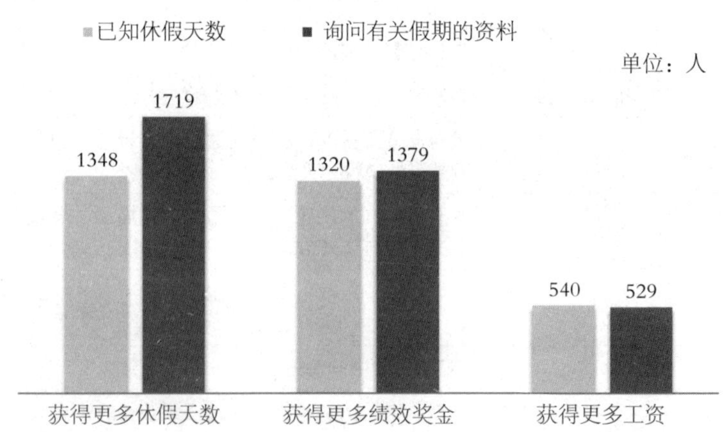

图5　信息搜索对所获结果的影响

个人极少愿意将自己的信息直接传达给对方。此外，即使对方明确地提供了信息，谈判者仍对所传递信息的准确性抱有一定程度的不确定性。采用直接提问的方式可大大减少谈判中的欺骗倾向。

由于对方对沟通相关信息的想法不太合作，而且所提供的信息可能是错误的，谈判者被迫将信息搜索过程基于推论。他们的目的是获得对对手的利益和立场的最佳估计，而无法确定信息的准确性。那么他们是基于哪些要素来进行推论的呢？

推论首先来自有助于了解自己情况的相同信息。因此，房产的买方会尝试从类似不动产的市场价值或根据专家的评定来推断出卖方的保留点和期望点。不幸的是，推理过程被许多偏见所破坏。详见表4。

表4 谈判中的各种偏见

影响谈判准备的偏见	
零和偏见	认为情况比实际更具竞争力或合作性不强。
锚定与调整法则	在没有充分把握的情况下，通过某个锚点，和一定的调整来做出行为决策。
框架效应	对客观上相同的问题，进行了不同的描述，导致人们做出不同的决策判断。
禀赋效应（拥有效应）	高估属于我们或我们对其产生强烈拥有感的物品的价值。
信息搜索中的偏见	
搜索偏见	与直接获得的信息相比，通过搜索获得的信息被认为更加重要和可信。
感知突出错误	将注意力集中在突出的信息上，而不是那些不太容易被感知的信息。
证实偏差	在收集信息的过程中，存在以证真而非证伪的假设倾向。
社交投射效应	将自己的信仰、观点和现实愿景投射（或归因）到其他人身上。
光环效应	对人或事物的价值认知以偏概全。
陈规定型观念	将群体的特征、信念、认知应用于组成群体的个人。
信息解释中的偏见	
归因偏差	高估内部或临时因素，却低估背景或情况变量在解释他人行为中所起的作用。
行为者与观察者偏见	将自身行为归因于情境，而将他人的行为归因于内在因素。
信息展示	简单明了的信息比以含混不清的方式所呈现的信息更可信；精确的数字比整数更可信。

（续表）

反应性贬值	只因为这些让步是由对方而非我方做出的，所以对方做出的让步会贬值。
胜利者的诅咒	面对轻易获得的收益感到不适。
行为偏见	
自证预言	我们对他人的期望会影响对方的行为，使对方按照期望行事。
承诺升级	对过去的错误决策不断地增加投入。

让我们从社交投射效应或虚假共识效应①的错误开始讨论，即认为别人的行为、感情、意见和信仰与自己类似的倾向②。社交投射效应尤其隐含于合作背景中，当个人期望与合作伙伴合作而不是竞争时，其社会投影会更明显③。合作情况下的投影主要发生在被认为对完成任务很重要的特征上。因此，如果合作任务需要比社交性更多的智力，那么个人则投射与能力相关的特征，但如果任务比智力更具有社交性，那么其投射的特征则更多与社交性有关④。

但相似性并不一定能保证有效性。通过社交投射效应，谈判者如果对交易价格特别重视，但对达成协议所需的时间不怎么重

① 罗斯、格林、豪斯：《错误的共识现象：自我认知和社会认知过程中的归因偏见》，《实验社会心理学杂志》，1977年，第13期。

② 克鲁格：《关于社会共识的看法》，《实验社会心理学的进展》，1998年，第18期。

乔丹·罗宾斯、约阿希姆·克鲁格：《对内群体和外群体的社会预测：综述和多向分析》，《人格与社会心理学评论》，2005年，第9期。

③ 托马、伊泽比特、高乃依：《我们在影响下的喜好》，比利时马尔达加出版社，2010年。

④ 托马、伊泽比特、高乃依：《我们在影响下的喜好》，比利时马尔达加出版社，2010年。

视，那么他就会假定其谈判对象实际上正在追求相同的目标。这种类型的错误在很大程度上不利于综合性协议的制定。事实上，在综合谈判中最有效的方法之一，是依靠各有取舍的交换战略（见第6章）。通过各有取舍的交换战略，谈判者承诺在对他来说次要的问题（但却是对方非常重视的问题）上做出实质性让步，以在最关心的问题（而对方不太感兴趣的问题）上换取高收益。由于无法得知对方谈判者的优先事项顺序与目标谈判者确定的优先事项顺序是否不同，因此无法实施各有取舍的交换战略。

因此，社交投射效应既有优点，也有缺陷，这取决于它是什么。一方面，将自己的特征或特点投影到他人身上会增加相似性认知，并为信息共享创造必要条件（建立信任和利他主义行为），这将确保开发高质量的综合性解决方案。另一方面，在涉及所追求的动机和目标时，投射效应对谈判进程是不利的，因为它妨碍谈判者查明各方所追求的不同目标，进而阻碍进行各有取舍的交换战略。

解决社交投射效应的一个方法就是角度互换。角度互换是指一个人从自己角度以外的其他视角来看待世界。①通过角度互换，谈判者站在对方的立场上，从而提高他们开发综合解决方案所需信息的能力②。

---

① 戴维斯：《测量不同个体的同情程度：多维实验的证据》，《人格与社会心理学杂志》，1983年，第44期。

② 加林斯基·阿达姆、威廉·马德克斯、怀特·朱迪思：《为什么要花钱进入对手的头脑：采取观点和谈判中的同理心的不同影响》，《心理科学》，2008年，第19期。

例如，有研究指出[①]，在涉及多个讨论主题的谈判中，角度互换增加了谈判者之间进行各有取舍的交换过程的有效性，这反过来又减少了一些僵局（未能就所讨论的部分议题达成协议）的出现，从而增加了谈判者的利益。然而，该研究还指出，只有在综合谈判的情况下，角度互换的有利作用才能显现出来。当双方的目标相互排斥时，角度互换作用微乎其微，并且不会阻碍个人为了追求满意度的机会主义倾向。

因此，正如前面部分所述，我们获得的信息对他人的影响似乎在很大程度上取决于背景因素。一方面，合作情况增加了社会投射效应的发生，并受益于角度互换。另一方面，最具竞争性的情况几乎没有留下任何投射空间（对方被谈判者认为与自己不同，而不是相似），甚至当谈判者试图理解和采纳对方的观点时，往往会增加竞争的感觉和反应。

有人研究了谈判中信息搜索的策略[②]。更具体地讲，这些研究者分析了谈判者向对方提出的问题。

在最初的研究中，参与者在涉及汽车的交易中扮演了买方的角色，他们要从20个具有代表性的问题中选择5个想要向卖方提出的问题，其中有10个合作性问题（例如，您考虑过谈判中我方的利益

---

① 罗曼·特雷切尔、约阿希姆·赫夫迈尔、大卫·洛舍尔德、卡贾·施瓦茨和彼得·戈尔维策：《将观点作为克服谈判中动机障碍的一种手段：将自己置于对手的脚下有助于达成协议》，《人格与社会心理学杂志》，2011年，第101期。

② 赫尔本·凡·克利夫、卡斯滕·德德鲁：《社会价值取向和印象形成：关于谈判中信息搜索的两个竞争假设的检验》，《国际冲突管理杂志》，2002年，第13期。

吗？您愿意做出让步吗？）和10个竞争性问题（例如，您打算以牺牲我方为代价赢得谈判吗？您倾向于忽视别人的利益吗？）。

在这种情况下，参与者要么没有获得关于卖方的任何信息，要么他们已经产生了合作期望，要么他们期望卖方具有竞争性。此外，早先的衡量标准是通过区分利他主义者与利己主义者来确定社会价值取向的。图6显示了根据参与者的个性和对对方的期望而向对方提出竞争性问题的数量。

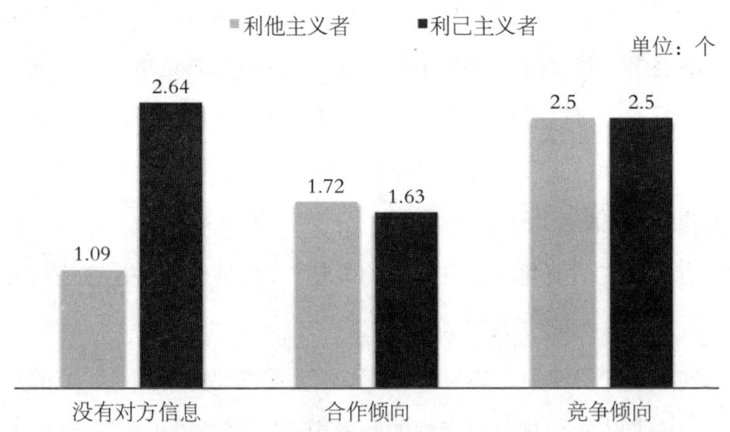

图6 根据参与者的个性和对对方的期望而向对方提出竞争性问题的数量

正如我们所看到的，根据社交投射效应，没有关于对方信息的参与者使用合作或竞争的倾向来推断对方对他们的倾向；最具竞争性的参与者（利己主义者）比利他主义者，更爱提出更具竞争性的问题。这些结果也说明了对他人的期望对于信息搜索的重要性。期望对方竞争的谈判者提出竞争性问题，期望对方合作的谈判者提出合作性问题，二者都不考虑自己的意愿是合作还是竞争。作者通过证实偏差来解释这些结果：期望有竞争性（而不是合作性）对方的谈判者提出竞争性（而不是合作性）问题来证实这种竞争（而不是合作）的假设。

证实偏差是指人们寻求确认，而不是反驳关于主题的假设的倾向。有研究者解释说，确认性信息搜索是个人追求的默认选择。首先，这样做只需要最少的认知资源。其次，确认性信息易于获得。最后，因为人类已经发展成了以牺牲不一致为代价，来换取一致性的自然偏好。

正如我所强调过的，其他类型的偏见在信息搜索过程中也发挥着作用。例如，在第8章中，我们将了解到个人会根据其所属的特定社会类别，以及与这些属性相关的陈规定型观念来对其谈判伙伴进行推断。因此，我们通常期望女士比男士更合作，或者说，期望高地位群体成员比低地位群体成员产生更极端的期望点和保留点。

克服信息处理中的偏见

通常人们认为通过搜索获得的信息是准确的，而不是错误的，但这不一定是一个给定的信息，谈判者必须能够恰当地处理它。与信息搜索一样，信息处理是一个存在各种偏见的过程。前面的表4呈现了一些偏见，将在本节中详细介绍其中的部分内容。

前文提到了反应性贬值现象，这种轻视或低估对方做出让步的倾向，其依据是这些让步是由对方（而不是我们自己）做出的。反应性贬值由两种机制产生。

其中一种可能性是，贬值是由于表面性的和相对自动的信息处理。从这个角度看，个人对对方提出的提案并不怎么重视。仅知道对方完成了提案，但并不知道提案的具体内容，就认为提案对己方有失偏颇，进而贬低它。

另一种可能性是，贬值是深入处理提案信息的结果。在此处，人们花时间分析提案，但他们对提案中最模棱两可的要素的处理，受到对提案作者的了解的影响。也有研究者认为，这两个机制同时运作①。

① 毛兹、沃德、卡兹、罗斯:《“以色列”与“巴勒斯坦”和平提案的反应性贬值》,《国际冲突解决方案杂志》，第46期。

信息处理的另一个错误来源是归因偏差。本书介绍的许多研究都强调了背景因素和情境因素在谈判行为产生中的作用。尽管有此论证，基本归因错误倾向于根据与人格有关的特点来解释和评估他人的行为，而不是根据所处情境的限制。谈判也不例外。

有研究发现，价值和风险改变了谈判者可用的替代方案①。一方面，有吸引力的替代方案能产生更多的讨价还价和提出要求行为。另一方面，当谈判者面临有风险的替代方案时，对对方使用的花言巧语更多。

上述研究者还进行了更深入的研究。如果一个谈判者拥有的替代方案更有吸引力，那么他的个性更讨人喜欢。这些人格归因导致了对方领导者做出偏向于确认，而不是反驳主要归因（请参阅上一节中的证实偏差）的决定。最终，这些决定将产生自证预言偏见。不讨人喜欢的谈判者，以后会以不讨人喜欢的方式行事，这将进一步强化已经形成的初始印象。

当个人期望对方不合作时，他们自己就会避免产生合作行为。并且由于攻击性策略会产生具有攻击性的反应，其对对方的初始印象因此在现实中得到了证实。

显然，许多偏见损害了谈判者的理解和判断，影响谈判者未来的决策。由此产生的问题是：能够减少这些偏见和判断错误出现的因素是什么？

在心理学中，一般认为克服偏见有两个必要条件。一是必须激

---

① 迈克尔·莫里斯、理查德·拉里克和史蒂文·苏：《误导谈判对方：根据情况确定的讨价还价行为归因于人格特质》，《人格与社会心理学杂志》，1999年，第77期。

励个人克服这些偏见，也就是拥有动机。事实上，判断偏见反映了在社会环境中，一部人在认知上无法深入处理所有信息。有些人会借助于启发式判断，这样可以使用最少的认知资源，是快速进行信息处理的认知捷径。但是，启发式判断有时是错误的。

但启发式判断并非不可避免，有一种可以与之对抗的方法。这个方法就是增加认识动机，旨在培养对我们周围世界的正确且准确的认识。认识动机越强，个人就越有可能对他们获得的信息进行系统性的处理，而不只是流于表面。简而言之，认识动机减少了启发式判断的使用，增加了对特定情况中的各种细节进行深入处理的可能性。

除了动机之外，克服偏见的第二个必要条件是认知资源的数量充足。人类能够同时处理的信息量有限，研究表明，当人们缺乏认知资源时，认知启发式判断的使用就更为重要①。然而，谈判是非常复杂的相互作用，要处理的信息量相当大：人们必须了解自己的目标、局限性、期望，以及有关对方的所有数据，当然还要考虑到环境的限制。信息汇集或许可以解释为什么在谈判中使用启发式判断如此普遍和如此成问题。

环境限制之一是时间压力。也就是说，谈判者在达成协议的时间上是有限的。德德鲁研究了时间压力在谈判中的影响②。时间压力降低了最终协议的质量。这种质量的降低与在压力大时更多地使用启发式判断有关。启发式判断的使用反过来又取决于认知闭合需求对个人产生的时间压力。

---

① 丹尼尔·吉尔伯特、布雷特佩·勒姆、道格拉斯·克鲁：《男女MBA毕业生进行薪资谈判的决定因素和后果》，《应用心理学杂志》，1988年，第54期。

② 卡斯滕·德德鲁：《时间压力和在谈判中保持头脑冷静》，《组织行为与人类决策过程。2003年，第91期。

选择“沉默是金”还是信息共享

我们在谈判中拥有的信息有什么用？专家建议根据个人面对的谈判类型对信息进行不同的处理。

在分配谈判中，适用“沉默是金”的规则。实际上，分配谈判的特点是相互排斥的目标、竞争和非输即赢的分配。因此，您向对方透露的任何东西，都可能被对方的机会主义利用。例如，我们已经知道，接近对方的保留点会使得谈判者提高其期望值，更加不轻易妥协。

而在综合谈判中，专家建议信息共享。综合谈判的特点是非相互排斥的目标、合作占主导地位以达成双赢的协议，因此各方之间的信息共享被视为一种优势。例如，我们一再提到提问的重要性，其目的是超越立场，以获得根本利益。为什么对方主张这样一个立场？他追求的真正动机是什么？回答这类问题可以使我们超越竞争，进而寻找各方都满意的替代方案。

信息共享的意愿取决于各方之间的信任。分享的信息越多，谈判者内部之间的信任气氛就越活跃①。分享了各自利益信息的相互

① 约翰·巴特勒：《信任期望、信息共享、信任的环境以及谈判的有效性和效率》，《群体与组织管理》，1999年，第24期。

信任的谈判者，可以更好地发现协议的综合潜力，并因此获得更高的收益。

促使交易者隐瞒而不是透露其根本利益的原因有两个：一是害怕被利用（透露信息的人处于弱势）；二是谈判者利用隐瞒来缓和与对方的关系，以防止冲突升级[①]。

事实上，在谈判中追求个人利益并不被认为是有说服力的论点，因为这不是增加一方利益而损害另一方利益的正当理由。谈判者更喜欢拐弯抹角地讨论其立场的客观准确性或评估优势，而不是直接透露自己的个人利益。

在另一系列研究中，在互惠标准方面预言，一方对根本利益的披露会增强对方的信心，以及提高对方传递个人信息的意愿[②]。简而言之，双方必须有一方迈出第一步。然而，当情况允许提前建立早期信任时，先披露利益的一方会被对方理解为一种合作行为（因此会有回报）。但如果最初的感觉是带着不信任，这种同样的披露利益的行为，反而会引起信息接收者的怀疑，从而产生消极反应。

如果信任被打破，会发生什么？有研究者区分了可疑行为和不值得信任的故意欺骗行为[③]。他们进行了一个信任游戏，玩家必须在保留自己收到的钱和将这笔钱转移给对方之间做出决定。研

---

① 菲克·哈林克：《有说服力的论点，在谈判中四处走动》，《团队流程与团队间关系》，2004年，第7期。

② 菲克·哈林克、纳奥米·埃勒默斯：《捉迷藏：在团体内和团体间谈判中展现个人兴趣的效果》，《欧洲社会心理学杂志》，2006年，第36期。

③ 莫里斯·史威哲、约翰·赫尔希、埃里克·布拉德洛：《承诺与谎言：恢复违反的信任》，《组织行为与人为决策过程》，2006年，第101期。

究结果表明，改变行为的承诺能有效地恢复因可疑行为而失去的信心。然而，当可疑行为伴随着故意欺骗时，这种信任则不会恢复。如果出现欺骗，任何借口和改变的承诺都不可能重建被欺骗者的信任。

本章小结

信息的重要性

信息是谈判中的一种优势。

· 当存在综合潜力时，获知对方的根本利益将有助于您获得更有利的结果。

· 获得谈判对象的相关信息能减小零和偏见的影响。

· 要想有效，信息必须完整。信息必须是有关您的合作伙伴在单一谈判主题中的偏好，但也要涉及其在各种讨论主题中的偏好。这是实施各有取舍的交换战略的唯一方法。

· 信息太多会扼杀信息。远离无效信息，无效信息可能会造成认知超载，不利于找到最佳解决方案。

信息也是一种弱势。

· 当心有关对方立场（而不是根本利益）的信息，这些信息可能会减少您的个人收益。

· 知情的谈判者提出较低的和不那么具有攻击性的要求，部分原因是其获得的信息强调公平的社会规范和规则。

· 在了解对方的立场时会引入新的基准，并将据此建立锚定和调整机制。

因此，如果您想增加个人收益，且累积结果对您来说并不重要，那么收集关于对方的信息可能会逐渐减少您的收益，特别是涉及对方的立场而非根本利益的信息。

相反地，如果累积结果对您很重要，并且存在很好的综合谈判的潜力，那么了解对方的根本动机会产生更好的结果。

信息搜索和信息处理

信息搜索和信息处理一样，都需要当心偏见。第94页的表4列出了谈判中的一些偏见，理解它们，记住它们，并与之战斗。

克服和超越偏见需要两个必要条件：一是必须激励自己这样做；二是必须拥有足够的认知资源。

注意时间压力。时间压力会使人产生认知闭合，会显著降低协议的质量。尽量不要仓促谈判，而是推迟过于紧迫的期限，这样可以避免简化判断。

信息共享

在资源固定或有限的极致分配情况下，尽可能少说。您说的所有话都可能被对方加以利用。

与之相反，信息共享对于发展合作和制定综合解决方案是必要的。

信息共享基于信任，而信任通常遵守互惠标准。为了打开局面，双方中的一方要迈出第一步来建立信任，对方也要做出对等的信任行为。

如果您与对方在关系史中存在不信任，请不要与对方分享信息。对方对您最初产生的不信任，会导致其不认为您的信息传递行为是一种合作行为，而认为您具有欺骗企图。

如果对方不太重视谈判，好的借口配以相应的改变行为的承诺，就有机会恢复信任。

伴随欺骗的可疑行为不容易被原谅。欺骗，除了在道德上不值得被推崇，还会破坏信任感和长期关系。

第6章

掌握谈判的杠杆——战略和战术

本章开始讨论谈判的战略和战术。这可能是您最期待的一章。

我们先讨论强制、迁就、解决问题、妥协和回避五大分歧管理策略。我们将了解到，采取哪些策略取决于谈判者所追求的动机，以及他们采取的心态（合作或竞争）。除了动机以外，行为也因个人和情况而异。我们将讨论个性和权利对行为的影响。本章的最后一部分将专门讨论谈判者在谈判期间肩负的两项主要任务：影响力和创造力。

五大分歧管理策略

行为反映了相对抽象策略的具体实施，而这些策略本身取决于个人在谈判中所追求的动机。正如我们在第3章中了解到的，谈判的动机是复杂的，它们同时涉及个人、关系、程序或身份问题。其中两个动机在决定谈判者将要部署的策略中起着尤为重要的作用：个人问题和关系问题。

自我是个人问题的中心。当个人利益很重要时，谈判者会寻求最大化个人利益。这种对自我的关注和满足个人利益的动机能够促进竞争心态。在关系问题上，另一方是关注的焦点。当与对方的关系很重要时，谈判者的动机是满足谈判伙伴的利益，而这种动机促进合作心态。

大家常认为合作和竞争是单一连续体的两极[①]。然而，我们提到过谈判是混合动机的情况[②]，同时体现了竞争和合作两个方面，这暗示了两种心态可以在同一个人身上共存的观念。正是基于这一观念才开发出了双重关注模型。

---

① 详见第1章的合作理论；莫顿·德奇：《合作与竞争理论》，《人际关系》，1949年，第2期。

② 详见第2章；托马斯·谢林：《冲突策略》，美国哈佛大学出版社，1960年。

双重关注模型[①]起源于对冲突管理的研究。这种模型基于的观念是：当面临利益分歧时，个人会评估自我关注和对他人的关注的不同作用。这些关注点是彼此独立的。一个人可能认为这两个关注点是同时必需的，或只重视这两个关注点中的一个。个人认为每个关注点的重要程度决定了解决分歧的五大策略。图7说明了这五种策略：强制、迁就、解决问题、妥协和回避。

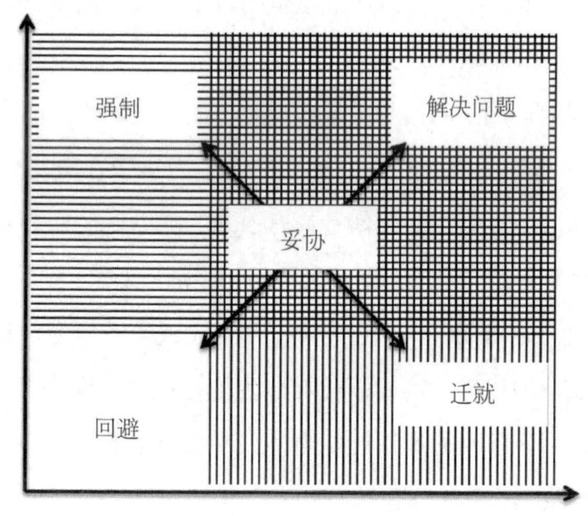

图7　谈判心态和策略

① 迪恩·普鲁特、鲁宾：《社会冲突：升级，僵局和解决》，美国兰登书屋，1986年。鲁宾、迪恩·普鲁特、吉姆：《社会冲突：升级，僵局和解决》（第二版），美国麦格劳-希尔出版公司，1994年。

双重关注模型具有本质上的规范性[①]。这一观点允许个人根据面临的情况选择最合适的管理策略。因此，当谈判者很重视个人利益，但不怎么关注与对方的关系时，建议选择强制（也称为竞争或控制）策略。强制策略的特点是要求很多、让步很少（或没有）。一次性交易（购买/出售汽车或房产）就是强制策略的典型例子，其中的金融利益很重要，且谈判者并不打算持续关系，所以关系是淡薄的。

相反，当关系至关重要而自己的利益微不足道时，就要迁就（顺从）合作伙伴的愿望。迁就策略的典型行为是让步行为和缺乏实际要求。

解决问题适用于利益和关系都很重要的情况。想要解决问题，谈判者不仅要关注个人利益，更要把注意力集中在满足集体利益上。因此，这一策略需要谈判者具有很强的能力，他们必须能够随机应变，既要坚定自己的利益，又要做到灵活应对[②]。

与解决问题相反，人们还发现了回避（或无所作为）策略。回避策略有独特的优势。例如，在既不涉及对方关系也无关利益的普通背景中，回避策略是有用的。当冲突掺杂着太多的情感因素时，回避策略也具有优势（详见第7章）。

妥协是一种中庸策略，其特点是适度关注他人的利益，也不太损害己方的利益。和解决问题一样，妥协混合着要求和让步。与其

---

① 罗伊·莱维克、斯蒂芬·魏斯、戴维·莱文：《冲突、谈判和第三方干预的模型：综述和综合》，《组织行为学杂志》，1992年，第13期。

② 费舍尔、乌里、帕顿：《逐渐说“是”：在不放弃的情况下谈判协议》（第二版），美国企鹅出版公司，1991年。

不同的是，妥协并不需要创造性的行为，它更多的是关于利益的讨价还价。客观地说，妥协是一种各方在谈判中失去利益的策略，没有一方对其所获得的利益感到完全满意。作为一种从未真正满足各方根本利益的折中解决方案，妥协伴随着不满和挫败感。从长远来看，它破坏了各方之间的关系，使今后的谈判比以往更加艰难甚至失控。

除了具体的策略外，图7还说明了竞争与合作这两个维度的独立性。在横向影线部分，竞争心态从下到上增加。在纵向影线部分，合作心态从左到右增加。很明显，强制是一种竞争心态占主导地位的策略；而在迁就策略中，各方除了合作、实现对方目标以外，没有其他动机。

图7中的网格部分呈现了合作和竞争意图相互交织和共存的情况。这个空间同时包含妥协和解决问题两个策略。然而，妥协和解决问题在质量方面有所不同。在妥协策略中，谈判者寻求某种形式的公平，以使每个人的利益得到部分满足。在解决问题策略中，各方利益相加，重点不再是个人利益，而是集体利益；全部代表的不只是各部分的总和。

有趣的是，竞争和合作心态的对角线表示与文献中提及的两大谈判类型相当一致：分配谈判和综合谈判。

分配谈判可以参照非输即赢的方法，但不能强制别人（弱者）必须让步。妥协策略基于这一轴心，反映了谈判者之间权利均等的情况，即各方或多或少地相互强制，同时也或多或少地迁就对方。

综合谈判反映了从回避策略开始，朝着解决问题策略的方向发展的轴线。在综合谈判中，谈判者的处境是一种正相关的相互依赖，要么一起赢，要么一起输。您可以看到，妥协策略也位于此轴上。从这个角度来看，妥协策略是一种失败（各方的利益没有得到完全满足，消极的情况）或适度成功（所有谈判者的利益得到部分的满足，积极的情况）。

影响谈判者行为的变量

动机以外的变量也影响谈判者的行为。有研究将这些变量分为两类①。一类是个人或个性变量，是指构成一个人个性的所有特定因素，即个性、地位、性别、意识形态、文化、能力和态度。另一类是时间压力、冲突程度、权利分配、代表的作用或谈判媒介（例如面对面谈判或通过科学技术手段）等因素，这些是形成个人在谈判情况下所追求的战略目标的背景，或是情境因素（见图8）。

一些变量的重要性会在本书第8章至第10章中进行讨论，例如性别和谈判代理的作用，而像文化、压力和沟通媒介等其他变量因本书篇幅有限则不再讨论。在本章中，我将详细说明两个决定行为的重要因素：谈判者的差异、个性和背景因素、权利。

---

① 约翰·奥吉维、黛博拉·基德：《谈判者风格如何？》，《国际冲突管理杂志》，2008年，第19期。

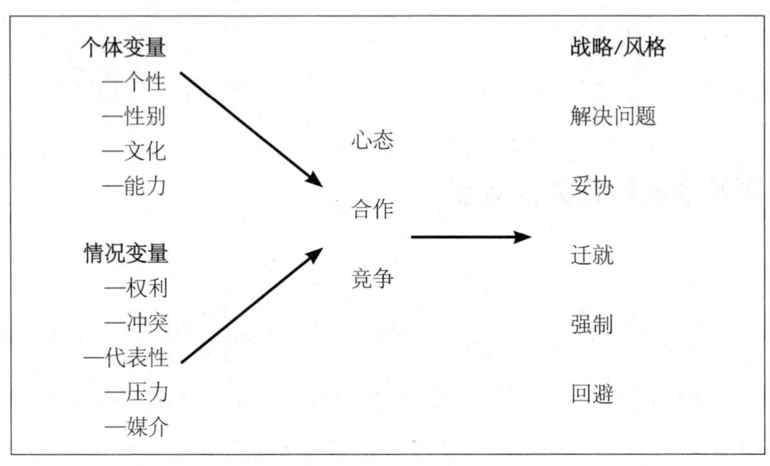

图8　影响谈判策略选择的变量

越有信心，结果越好

在谈判中，有三种方法可以理解个性差异。

第一种方法是要确定我们感兴趣的人格特征，衡量它，并测试它在谈判时对个人行为的影响。

第二种方法与第一种方法非常相似，差别在于通过个性与情况的相互影响来进行研究。在这种情况下，个性和情况交织在一起以定义将会采取的行为方式。例如，有研究指出，当个性（讨人喜欢的程度高或低）与谈判类型（综合谈判或分配谈判）相一致时，谈判者表现出较高的生理（心跳）、心理（积极影响）和行为（持续）觉醒，从而使其能够获得更有利的客观结果[1]。

第三种方法更加普遍，不注重突出特定的和具体的特征，而是依赖于直观但被广泛认同的结果，即有些人在谈判中的表现天生就比其他人更好。一些研究者认为，天生的谈判能力是一种幻想[2]。换句话说，即个人个性或差异在决定谈判行为方面只起最小的作

① 尼古拉斯·迪莫塔基斯、唐纳德·康隆、伊莉丝·雷穆斯:《谈判者的思想和心理：谈判中的经验反应和经济成果的人格和背景决定因素》,《应用心理学杂志》，2012年，第97期。

② 汤普森:《谈判者的思想和内心》，美国皮尔逊教育出版公司，2009年。

用[1]。但也有研究显然与这一观点相反，认为个人差异在预测所得结果方面具有重大影响。

人们对于先天或非先天的能力所保持的信念也会影响其所得结果。那些认为谈判能力具有可塑性的人，比那些一直认为谈判能力是固定的和与生俱来的人，能获得更好的结果[2]。只从信念角度来看，个人在谈判领域对自己能力水平的判断[3]与客观业绩呈正相关[4]，即我对自己越有信心，我得到的结果就越好。最新的两项研究数据让人联想到自证预言：现实并不是客观因素的产物，而是我们的信念和期望的合力。

我曾经说过，双重关注模型源于冲突管理理论。从这个角度看，与其说这些策略是谈判者在特定情况下的客观结果和所追求的动机，不如说是个人在不同背景下以不变的方式优先采用的风格。这些研究者认为，个人在优先采用的冲突管理风格上有所不同。有些人总是表现得咄咄逼人和占据主导地位，有些人则总是在迁就，还有一些人过度回避或解决问题。总之，个人优先采用的管理风格取决于个性的两个主要方面：自我肯定（自信）和合作倾向（cooperativeness）。

---

① 汤普森：《对天真的和有经验的谈判者的审视》，《人格与社会心理学杂志》，1990年，第59期。

② 劳拉·克雷、迈克尔·哈塞尔胡恩：《隐式谈判的信念和表现：实验和纵向证据》，《人格与社会心理学杂志》，2007年，第93期。

③ 班杜拉：《思想和行为的社会基础》，《社会认知理论》，美国普林帝斯霍尔出版社，1986年。

④ 爱德华·迈尔斯、托德·莫拉尔：《职业领域与提高谈判中自我效能的有效性》，《职业与组织心理学杂志》，2012年，第85期。

这种观点与个性的另一个方面（已被证明是谈判行为的决定因素）相近，也就是所谓社会价值取向。社会价值取向的概念源于第2章中提到的相互依赖理论。根据这些理论，个人与对方之间的资源分配方面有不同的偏好[①]，主要有三种类型：利他主义者、利己主义者和竞争者。

利他主义者更喜欢与相互依赖的伙伴公平地分配资源。他们重视和谐、正义和集体利益[②]。通常，这些人会努力将谈判转向一种由于采取解决问题策略、妥协策略有时甚至是迁就策略而产生的合作心态。

利己主义者主要关心自己的利益。当必须与对方进行资源分配时，他会选择有利于其绝对收益的分配方式。竞争者也会试图成为相互依赖的赢家，但他感兴趣的不是获得绝对收益，而是缩小与对方的差别程度。从经济角度来看，这种行为是不合理的，因为它假定这个人更喜欢获得比客观情况更低的经济收益，而这只是为了增大与对方之间的收益差异。

与利他主义者相反，利己主义者首先追求个人利益，而不关心（或很少关心）对方收益或集体利益。这种自我关注促使其采取竞争行为，并且厌恶与迁就策略有关的让步。

在取得各方都相互满意的综合谈判协议方面，两个利他主义的合作伙伴构成的谈判，远比利己主义者构成的谈判取得的成果更

---

① 保罗·范·兰格：《追求共同成果和成果平等：社会价值取向的整合模型》，《人格与社会心理学杂志》，1999年，第77期。

② 卡斯滕·德德鲁：《社会冲突：冲突与谈判的产生及后果》，收录于菲斯克、吉尔伯特、林赛（出版）的《社会心理学手册》（第五版第二卷），美国威利出版社，2010年。

好，该协议的客观利益大于利己主义者所获得的利益[①]。然而，只有利他主义者足够主动去满足集体利益，并积极抵制迁就策略的诱惑，各方才能都满意。

当对方做出与自己的社会价值取向不同的行为时，会发生什么？

有研究发现，利他主义者在合作伙伴不回应其发出的合作信号时会选择采取竞争行为[②]。

而有的研究提出了相反的结论，认为利己主义者比利他主义者对情境变化更敏感，无论面对什么情况，利他主义者都坚持正义和公平的价值观[③]。这一事实提出了对上述假设的一种反向假设，即利己主义者在面对对方的合作行为时，会表现出强烈的互惠倾向。

有一项研究测试了这两个相反假设的有效性[④]。具有合作动机的个人比追求竞争目标的人，在影响谈判最终结果方面更强大（见图9）。合作动机者和混合动机者的优势大于竞争动机者，主要是因为他们更倾向于分享关于对方优先事项的信息。研究者还指出，合作动机者和混合动机者更加积极地进行谈判并寻求更少的争论。

---

① 卡斯滕·德德鲁、温加特·权：《社会动机对整体式谈判的影响：对两种理论的综合分析回顾与检验》，《人格与社会心理学杂志》，2000年，第78期。

② 劳瑞·温格、布雷特·珍妮、玛拉·奥利卡恩、菲利普·史密斯：《谈判团体中相互矛盾的社会动机》，《人格与社会心理学杂志》，2007年，第93期。

③ 莫顿·德奇：《动机取向对信任和怀疑的影响》，《人际关系》，1960年，第13期。

④ 维达尔·谢、罗格尼斯、黛布拉·夏皮罗：《个人主义者和合作者可以一起玩吗？谈判中混合的社会动机的影响》，《实验社会心理学杂志》，2011年，第47期。

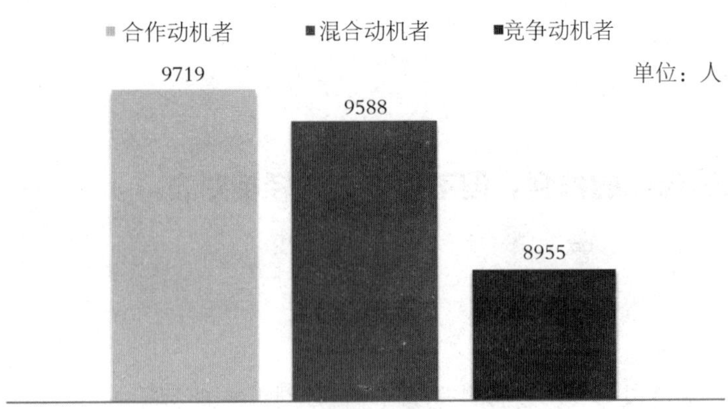

图9　谈判者社会价值取向的构成对谈判结果的影响

人类的利益取决于他们对自己保持的正面（或负面）形象。我们都可能面临丢面子的情况，这些情况是对自己形象的威胁，我们通常倾向于避免它们。然而我们会对感知到的形象威胁采取不同的倾向，这被称为形象威胁敏感性。

形象威胁敏感性增加了人们认为在谈判中可能会丢面子的倾向，这反过来又抑制了他们开始谈判过程的愿望[①]。此外，形象威胁敏感性也影响到试图进行谈判的个人的行为。多项研究证实了对威胁敏感的谈判者倾向于选择竞争而非合作行为，但这种影响在不同的谈判中产生的作用有所不同。在交易中，卖方的敏感性比买方的敏感性更重要。在招聘谈判中，候选人的敏感性对谈判过程的影响大于招聘人员的敏感性对谈判过程的影响。这些最新的研究提醒我们，个性并不代表一切，在行为预测方面其影响往往与情况因素相结合。

---

① 爱德华·迈尔斯：《面对决定不谈判的作用》，《国际冲突管理杂志》，2010年，第21期。

高估自己的权利，但不要攻击和轻视对方

您有没有经历过您的一位同事晋升到更高等级职位时，其行为产生了彻底改变的情况？您把这种改变归因于什么？行为改变常常被解释为一种被隐藏太久的个性的反映。一条安静的溪流，当没有大坝容纳它时就变成了洪流。人们不会“改变”，而是因其扮演的角色，采取了相应的行为。这一结论同样适用于谈判领域。当人们处于弱势或强势地位时，会采取不同的行为。

职位与潜在的影响力相对应[①]。它描述了一个人获得其想要的东西和/或强迫他人按照自己的意愿行事的能力[②]。当他行使职权时，可以采取多种形式，从最激进的（如独断专行）到最温和的，以及最积极的（如指导）[③]。

在谈判中，其中一方可能具有的优势地位总结有以下五种情况[④]。

---

① 法兰其、哈文：《社会力量的基础》，《社会权利研究》，美国社会研究所，1959年。

② 达尔：《权利的概念》，《行为科学》，1957年，第2期。

③ 科尔曼：《权利与冲突》，收录于德意志、科尔曼的《化解冲突手册》，美国乔西·贝斯出版社，2000年。

④ 罗伊·莱维克、桑德斯、巴里：《谈判》，美国麦格劳-希尔出版公司，2006年。

· 信息优势。信息是谈判中最重要的优势来源之一。能够收集和组织信息的谈判者能更好地坚持自己的立场、论点，并获得其想要的结果。信息权利有时也与专家有关。根据定义，专家是有专业知识的人，了解谈判进程、偏见和能够确保谈判桌上有显著优势的典型行为。我并未希望本书能够为读者提供这一领域的专业知识。

· 个人优势。不要自欺欺人，在谈判中我们具备的优势是不平等的。强大的自信心、得体的谈吐、丰富的知识储备等因素构成的个人魅力可以诱发对方的欣赏或尊重，以及合作、认同和迁就的意愿。谈判专家往往会利用这种优势并精心修饰其形象，以受到潜在客户的赞赏。

· 职位权利。职位权利与个人在等级制度中占据的位置和地位，以及个人向周围的人分配奖惩的能力有关。职位权利的行使必须基于对合法性的感知，未经领导的允许和同意，不能行使。

· 关系权利。该权利是基于谈判者与他人保持牢固和高质量关系的能力的权利。了解许多人或与高层人士有联系，可以增加谈判者对对方施加压力的手段，以及提高收集信息潜力。

· 环境背景优势。这是一种在特定环境背景下获得的优势。在谈判中，环境背景优势与每个谈判者可用替代方案的质量和数量有着内在的联系。举一个众所周知的例子，在经济危机时期，员工与雇主讨论薪资时需要付出更多的努力。

权利影响两个方面的行为。首先，它在信息搜索和处理过程中发挥作用。其次，它与制定的谈判策略有关。

在相互依赖的情况下，那些处于从属地位的人会仔细观察最强大的合作伙伴，试图预测对方的意图和行为，以便获得（或重新获得）控制权。在缺乏权利的人中，过度关注对方会增加分析谈判伙伴的所有信息（他说了什么、他的感受、他的非语言行为等）的倾向。相反，具有高度控制力的人很容易使用启发式判断①。

有研究提出，当人们对拥有强势地位的人形成固化印象，并忽略相当一部分非陈规定律的信息时（这些信息可以抵制陈规定律观念的影响，并个性化他们的判断目标），他们就会非常关注陈规定律的信息②。

谈判者往往会向对方提出两种类型的问题③：诊断性问题和倾向性问题。这两种问题的答案会影响谈判信息搜索。诊断性问题为所提问题提供了坚定的答案，问某人“打算做什么来赢得谈判”是一个有倾向性的问题，因为它基于对方力图赢得谈判的预想。而倾向性问题则本身就带有对所提问题的回答，问某人“是否打算赢得谈判”是一个诊断性问题，只能回答“是”或“否”。

实验数据表明，处于强势地位的人提出的倾向性问题更多，诊断性问题更少。这与处于弱势地位的人更想获得有关对方的准确信息的观点是一致的。

优势权利对信息处理也产生了相同类型的影响。高权利者很

---

① 苏珊·菲斯克：《控制他人：权利对刻板印象的影响》，《美国心理学家》，1992年，第48期。

② 斯蒂芬妮·古德温、亚历山德拉·古宾、苏珊·菲斯克、伊森比·文森特：《力量可能会影响印象过程：默认情况下和设计上刻板印象下属》，《团队流程和团队间关系》，2000年，第3期。

③ 卡斯滕·德德鲁、凡·克利夫：《权利对信息搜索、印象形成和谈判要求的影响》，《实验社会心理学杂志》，2004年，第40期。

少考虑对方发送的信息，也不会深入处理这些信息。例如，研究表明，高权利者很少考虑对方表达的情绪，与之相反，低权利者会因高权利者的情绪而调节自己的行为[①]。

高权利者具备的优势拉远了己方与对方之间的距离。权利也诱发了抽象的而非具体的信息处理，导致人们看到的是整个森林，而不是组成森林的每一棵树木。这种权利的影响也体现在感知判断（我们看待事物的方式）和概念化任务（我们思考事物的方式）中。提升抽象整体的而不是精确具体的环境处理的能力，使谈判者在谈判中具有优势。事实上，整体的处理过程与创造性呈正相关，而具体的处理则在更具分析性方面有利于解决问题[②]。

然而，正如我们稍后将看到的，创造性是产生最佳解决方案的基础之一。

在行为和策略方面，权利也可能对其产生影响。拥有最大权利的谈判者往往比处于弱势地位的谈判者要求并得到的更多。前者有机会就会利用惩罚和威胁作为压力手段以获取更多，但这也增加了冲突升级的可能性[③]。

值得注意的主要问题是，当权利在各方之间平均分配时，相互影响的各方能否更有效地实现最佳综合解决方案。关于这个问题的

---

① 赫尔本·凡·克利夫、卡斯滕·德德鲁、安东尼·曼斯特德：《谈判中的权利和情感：权利减轻了生气以及幸福对让步的人际影响》，《欧洲社会心理学杂志》，2006年，第36期。

② 福尔斯特、弗里德曼和利伯曼：《时间对抽象思维和具体思维的影响：洞察力和创造性认知的后果》，《人格与社会心理学杂志》，2004年，第87期。

③ 卡斯滕·德德鲁、伊泽比、莱恩斯：《在混合动机的互相依赖中消除基于刻板印象的合作》，《实验社会心理学杂志》，1995年，第31期。

早期研究产生了一些相矛盾的结果。权利从广义上讲是一种感知、一种主观概念。您认为自己是强大的，您无疑就会强大，您想象自己是弱小的，那么您就很可能会受到别人的剥削。这种主观的权利概念可能会导致两种偏离行为，一是相信一个人拥有比实际更多的权利，二是相信一个人比客观现实表现的更弱。

有研究认为，权利均等的谈判通常比其他谈判更有效，因为谈判者不太注重保护自己的利益（对于弱势方来说）或行使他们的权利（对于强者来说），这使得他们有更多的精力专注于制定出互利协议。当权利分配不均时，弱势方可能会特别积极地寻求一项综合（互利）协议，因为这是他们能够争取到利益的唯一解决方案[①]。

相反，也有研究认为，当权利在谈判者之间分配不均时，亲社会（而不是亲自我）的谈判者会实施更多的解决问题的行为[②]。

主观上高估自己的权利对谈判者有利，因为这利于增加期望，进而增加个人利益。然而，如果伴之以攻击和轻视对方的相互影响的倾向，就可能是有害的。反之，主观上低估自己的权利不利于谈判者的利益。但是，它有利于发展各方之间的关系，因为它增加了迁就和解决问题策略的使用，正如我们在上一节中所了解到的，这两种策略显示谈判者愿意合作以满足谈判各方的利益。

---

① 伊丽莎白·曼尼克斯和玛格丽特·尼尔：《二元谈判中的权利失衡和交换模式》，《集体决策与谈判》，1993年，第2期。

② 魏庆旺、罗晓璐：《权利差异和社会动机对谈判行为和结果的影响》，《公职人员管理》，2012年，第41期（第5版）。

用创造性的策略实现共赢

因为谈判涉及竞争和合作，所以谈判者要承担两方面的任务。一方面，各方都将试图得到符合自己利益的份额。这项任务将需要部署影响策略。另一方面，合作要求考虑对方利益和集体利益这项任务需要制定创造性策略。

部署影响策略

如果我详细说明影响他人的所有方法，则肯定需要再写一本新书。因此，接下来只讨论我认为最相关的方法。

为了影响他人，我们可以在构成态度的三个方面行事：认知、情感和行为。在认知方面，谈判者试图改变对方对环境的信念、感知和评估。与认知影响相对应的策略之一是框架策略。我们在第1章和第4章已经讨论过框架问题。使用框架策略时，谈判者会试图引导对方从新的角度来看待形势，这个角度通常是一个适合前者的角度。角度的变化改变了人们在谈判中对事物的感知，从而导致对方重新考虑立场和要求。框架策略可以采取以下不同的形式。

· 基准：为对方提供一个基准，他将从中锚定自己的目标和底线。例如，当物品被出售时，卖方提供的第一个价格在这种情况下会充当锚点。在旧货店，有时会发生买方有机会第一个提出报价的情况。第一个提出报价是一个不可否认的优势，因为这会迫使对方据此作为第一个锚点来进行调整。

· 收益和损失：我们在第1章中已经讨论过将情况解读为损失而不是收益会如何影响谈判者随后的行为。认为自己的立场是亏损的谈判者会承担更多的风险，并设置更高的期望点。

· 情感和认知：谈判可以呈现为纯粹的理性过程，也可以突出情感因素。一项研究表明①，虽然谈判的情感框架增加了参与者的参与度，提升了参与者的积极情绪，但也可能降低信心水平和合作策略的使用。

· 整体和部分：当谈判中存在多个点时，可以单独讨论或作为一个整体讨论它们。我们之后将了解到，使用整体策略通常会促进最佳解决方案的制定。通常，在具有金融性质的交易中，总费用的呈现也是一种优势。考虑单独费用的明细比考虑总价要困难得多。

· 相对和绝对：当利益非常大时，与总投资相比，某些金额可能显得微不足道。因此，房产的买方可能会认为，相较于20万欧元的总购买价格而言，1,500欧元的优惠是很小的。然而，从绝对值看，1,500欧元不是一个微不足道的金额，保留它无疑还可以用来享用茶点。

· 短期和长期：此框架涉及短期或长期地考虑成本和投资。广告经常使用这种类型的策略：它们向您展示购买商品的单日成本，

---

① 考特尼·谢尔顿·亨特、玛丽·克南：《用情感的方式进行谈判：方法论和初步的理论发现》，《国际冲突管理杂志（第2版）》，2005年，第16期，128—156。

而不是您购买商品所花费的总金额。看似微不足道的单日价格，刚好可以刺激消费。

· 公平和平等：对公平的看法在很大程度上是主观性和情境性的。根据各方的投资（公平规则），分配资源是否更公平？或是鉴于各方在任何情况下都是相互依赖的，在各方之间平均分配资源（平等规则）是否更正确？在许多情况下，每一方都奉行最有利于自己的分配规则：强大且主要贡献方认为按比例分配更公平，而贡献较少的弱势方则认为平等分配更公平（详见第10章）。

可以使用的第二个认知策略基于说服。面对分歧，人们经常使用演讲和辩论来确立立场和观点的有效性。发送给对方的信息的有效性取决于信息的质量（使用的论点的强度）、信息的形式（口头、书面、图形等）、信息的结构（其公正性、论点的重复、结论的呈现等）、传递信息的人（其可信度和吸引力）和背景要素（干扰因素、现行标准等）。但最重要的是，信息要真正被接收，信息接收者（谈判对方）必须积极地去聆听它，并具备相应的认知能力[①]。

在与对方发生争论时，我们常常会觉得向对方发送的信息不被接收或未被理解，而且未能实现发送信息的目的（即改变我们认为有问题的行为）。争论的情绪性导致了这种低效率的产生。负面情绪不仅会降低对方考虑我们传达的信息的积极性，也会降低他们处理信息的心理能力。

---

① 佩蒂·理查德、卡西奥波·约翰：《沟通和说服：态度转变的中枢和外围途径》，美国施普林格出版社，1986年。

除了认知，感情也可以影响他人。我们将在第7章中了解到，我们瞬时的情绪会改变我们谈判的行为和处理信息的方式。例如，在有利于激活正面情绪的地方进行讨论比在一个咄咄逼人或不良的环境中进行讨论，会导致更多的合作行为。另一种影响类型被称为评价调节。在评价调节方面，对刺激的正面或负面评价被转移到与之相关的中性价刺激之中[①]（相关问题详见第3章）。此技巧在广告中被成功使用。为了吸引您的注意，带您逛逛车展并在想要卖给您的车旁边看看美丽的车展模特。经销商所追求的目标是将车展模特对您的吸引力转移到展品上，这是一种评价调节形式。一辆最初并不怎么引人注意的汽车，消费者也并没有对其产生特别的情感，就这样成了人们竞相购买的对象。

我们形成的评价也受到对方反应的影响。特别是关注，是我们偏好的决定性因素。在早期的研究中，研究者采访了一些参与者。由一位女性对参与者不断注视、间歇性注视，以及根本没有注视，然后对参与者进行采访。研究结果表明，人们对不看他们的对话者反应不好：他们给其负面评价，简短地回答，并选择坐在距离对话者很远的地方。

在前些年的研究中，也证实了上述影响。寻求眼神接触的人被认为比回避眼神的人更有吸引力和值得信任[②]。其他人看我们周围事物的方式，也会改变我们赋予这些事物的价值，因为对话者关注

---

① 高乃依：《我们在影响下的喜好》，比利时马尔达加出版社，2010年。

② 马莉亚·梅森、伊丽莎白·塔特考、尼尔·麦克雷：《爱的表情：凝视转移和人的感知》，《心理科学》，2005年，第16期。

的事物比我们自己关注的更受欢迎[①]。如果一个事物吸引了可信之人的注意，情况就会尤其如此[②]。谈判者关注对话者和谈判主题，会极大地影响对话者最终对谈判者和谈判主题的评价。

我们还受自己行为的影响。这方面最经典的例子是登门槛效应[③]。此技巧涉及让对话者接受微不足道的请求，以获得其对随后更大请求的同意。与登门槛效应相反的是门面效应，即提出一个意在被拒绝的夸张请求，从而使对方更有可能接受随后提出的更合理的请求。

在更广泛的层面上，行为的影响方法基于费斯汀格在1957年提出的认知失准理论[④]。这位研究者认为，个人从根本上有动机去感知他们的信念和行动之间的逻辑一致性。任何与人心中的重要信念相悖的行为都会引起不适、焦虑，而个人则试图通过改变自己的信念或行为，来减少这种不适和焦虑。由于信念比行为更具可塑性，因此个人往往以牺牲认知一致性为代价选择行为一致性[⑤]。引导谈判者产生合作行为，谈判者可能会在整个讨论过程中都表示合作。而引起攻击和竞争行为，将增加您卷入冲突和冲突升级的风险。

---

① 贝利斯、保罗、坎农、蒂珀：《对物体的注视线索与情感判断：我喜欢您目中之物》，《心理学公报与回顾》，2006年，第13期。

② 金·多罗西、安吉拉·罗维、尤特·伦纳德斯：《我信任您，因此，我喜欢您看到的内容：注视提示和发件人的可信度影响对象评估》，《社会认知》，2011年，第29期。

③ 伯格：《登门槛效应的过程：多重过程和分析回顾》，《人格与社会心理学评论》，1999年，第3期，303～325页。

④ 莱昂·费斯汀格：《认知失准理论》，美国斯坦福大学出版社，1957年。

⑤ 高乃依：《我们在影响下的喜好》，比利时马尔达加出版社，2010年。

迄今为止，我们一直关注被认为可以在谈判中适当使用的软影响策略。其他策略更具攻击性，往往揭示出谈判过程中严格的竞争或分配概念。除了在道德上有争议之外，后一种策略也是很危险的：通过冒犯对方，它们会产生关系危机，甚至会促使冲突升级或谈判进程的彻底流产。我在表5中对这些策略进行了简单的描述，不是为了鼓励您使用它们，而是为了帮助您在对方的行为中发现它们。

表5　软影响策略

好警察/坏警察	受警察系列电视节目的启发，这一策略可以被应用于两名及以上谈判者的团队。一名谈判者扮演好警察的角色，而另一名谈判者则扮演坏警察的角色。只有当对方在先遇到坏警察时，这个策略才有效。有研究者指出，在这种配置中，好警察与他的队友相比，具有对比效果，而对比效果会使对方倾向于接受谈判小组提出的条件。
过于夸张的第一次报价	这个策略源于更普遍的框架策略。谈判者在谈判开始时提出一个事先就知道会被明确拒绝的夸张的报价。这种战术的运用基于它能够改变对方对局势的看法，引导对方降低期望从而朝着有利于谈判者的方向发展。这种战术的风险是，如果对方认为这种情况下的谈判注定要失败，它可能导致对方放弃谈判。

① 凯瑟琳·奥康纳、彼得·卡内维尔：《令人讨厌但有效的谈判策略：对共同价值问题的虚假陈述》，《人格与社会心理学简报》，1997年，第23期（第5版）。

（续表）

稻草人和利益虚假表述	使用稻草人战术，即谈判者向对手声称，他对某一个谈判主题特别感兴趣，而实际上并非如此。之后，当讨论到谈判者的真正利益时，他就会以在稻草人身上做出实质性的让步，使自己处于一个绝佳的位置，以便引诱对方在他最感兴趣的主题上做出同样实质性的让步。这种战术在很大程度上依赖于谎言和利益虚假表述，如果被对方发现，可能会严重损害双方关系。在一项实验室研究中发现①，近28%的参与者使用某种形式的虚假表述。委托性的虚假表述意味着谈判者故意谎报他们追求的利益。当谈判者没有明确他实际追求的目标时，就是因疏忽而产生的虚假表述。以增加个人收入为动机的谈判者通常会采用这种战术。
贪婪	经过漫长而艰难的商谈终于到达尾声时，贪婪的谈判者要求对方在谈判中并未涉及的问题上做出小小的让步。这种要求与对方的利益相比是微不足道的，因此对方只能被迫接受它。这种战术一般不会被已经对谈判者产生负面印象的对方所察觉，后者在谈判期间没有诚实地讨论所有应该讨论的主题，并且等待协议的结果以要求更多。
落汤鸡	落汤鸡战术是基于在对方看来极具威胁的最后通牒。因此，这种威胁意在制造巨大的恐慌以迫使对方接受谈判者的条件。例如，一个公司与工会谈判，并威胁说，如果公司提出的协议条款不被接受，就宣布破产。
过度强硬	一味地攻击对方的立场对对方提出的要求绝不妥协。因为太过极端，且根据定义，谈判意味着相对于初始立场的变动，所以过度强硬使得任何谈判时间都会缩短。
信息过剩	信息过剩策略在于将对方淹没在过度的信息流之中。它基于两个原则：一是阻碍对方区分主次，二是降低对方处理信息的能力（人类在同时处理大量信息方面能力有限，详见第5章）。

发现创造性的解决方案

谈判者的动机不一定只与金融收益的增加有关，重要的不是满足提出的要求（立场），而是满足这些要求背后的根本动机（利益）。了解根本动机的有效方法是提问，特别是使用“为什么”。

寻找最佳替代解决方案的第二个重要因素是提高理解能力，以便我们理解谈判中往往有不止一个相关目标存在，而且谈判中的各方不一定有相同的目标。正是基于这一事实，各有取舍的交换战略才得以实施。

为了进行各有取舍的交换战略，需要具备以下几个条件。

一是需要确立几个主题。在金融交易中，谈判者可以讨论销售价格、付款期限、支付条款等其他事项。在离婚纠纷处理中，双方必须就子女监护权、财产分割或债务分担，以及其他抚恤金的结算达成一致。

二是各方对于每个谈判主题的优先事项必须有显著的不同。卖方可能主要希望确保有较高的金融收入，而买方更关心付款期限或贷款的可能性。丈夫可能重视的是子女的监护权，而妻子则更重视其投入大量精力去维护的婚姻生活的住房。

三是各方必须能够辨别这种优先事项的分歧。为此，他们必须尽量公开交流各自的动机。只有在谈判者同时而不是相继讨论所有问题时，才能发现优先事项的分歧。如果卖方和买方在讨论付款条件之前就将价格达成一致，或者妻子和丈夫同意在开始讨论财产分割之前共同履行子女监护权，那么他们将不可能意识到各方的优先事项不同。

一旦满足了上述三个条件，谈判者就可以进行各有取舍的交换战略。它包括充分满足每个人的优先利益，同时在次要利益讨论主题上做出重要让步。因此，卖方将得到一个可观的房产售价，同时允许买方进行分期付款，或向其提供获得贷款的机会。

各有取舍的交换战略似乎很简单，却面临着诸多障碍。

首先，在心理上，完全放弃一个谈判主题的收益并不是一件容易的事。做出让步是可以实现的，但完全顺从是不太可能的。即使客观上更有利，这种行为也会伴随着一种失落感，而我们深知人类对损失有多么厌恶。例如，谈判者拒绝提出超出对方要求的报价，即使这种报价会确保其获得更有利的最终结果。这种抵制是由于当谈判者提出超过对方要求的报价时，会产生失落感[①]。

其次，除了相互兼容的主题（各方优先事项不同的主题），也常常存在不相容的主题（一些主题在各方的优先事项中都占有很高的地位）。这就是我们前面提到的综合谈判。

最后，为了建立各有取舍的交换战略，谈判者必须抵制各种感知偏见（如阻碍利益兼容性的零和偏见），以及抵制单独处理次要谈判主题的倾向和采取中庸（妥协）策略。激活超级目标（让谈判者关注独立于主题实现的总结果上）而非具体目标（让谈判者关注每个主题内要取得的不同结果上），有利于通过增加使用各有取舍的交换战略来促进联合成果的产生[②]。

许多谈判都是由于缺乏资源而开始谈判的，这种认识会妨碍各方满足各自的利益。增加资源策略建议向问题注入资源，扩大“蛋糕”以给自己更多的回旋余地，从而获得一个相互满意的解决方案。与其他战术一样，这一策略需要明确了解谈判各方的根本利益。您要求搬家的背后隐藏的动机可能只是想要有一个花园，您留

---

① 伊拉娜·里托夫、西蒙妮·莫兰:《错过了在谈判中创造价值的机会：不愿提供综合性的报价》,《行为决策杂志》，2008年，第21期。

② 杰弗里·波泽、尼尔·玛格丽特:《约束还是催化剂？在谈判范围内重新检查目标设定》,《人类绩效》，1995年，第8期。

在城市里是因为还没有找到心仪的房子。在上述种情况下，增加资源意味着在寻找房子上注入时间、金钱和/或精力。通过花更多的时间，更勤奋地寻找，或者简单地提高预算，您可能会发现既可以满足您的愿望，又可以尊重配偶对好房子的需求。

总之，谈判者往往必须依靠自己的创造性来制定相互满意的解决方案。好消息是，只需其中一方表现出创造性的行为就可以满足大家的利益[①]。大多数解决问题的技巧都基于费舍尔和乌里介绍的原则谈判（或综合谈判）[②]。使用这些技巧的目的是发掘可能的选择，而不是寻找一个令人满意的解决方案。选择的数量越多，选择就越多样化，达成互利协议的机会就越大[③]。

---

① 库尔茨贝格：《创造性思维，认知能力和整体联合收获：谈判者创造力研究》，《创造力研究杂志》，1998年，第11期。

② 费舍尔、乌里：《逐渐说“是”》，美国霍顿·米夫林，1981年。

③ 约翰逊·戴维、约翰逊·罗杰：《现场测试综合谈判》，《和平与冲突：和平心理学杂志》，2003年，第9期。

本章小结

动机、心态和策略

谈判是合作与竞争并存，且动机复杂。竞争是以自我为中心的结果，而合作意味着以他人为中心。自我关注和关注他人的交织决定了5大冲突管理策略的使用。要灵活运用解决冲突的方法。了解如何正确分析情况，以确定最合适的冲突管理策略。

· 当您的利益很重要而与他人的关系不重要时，请强制他人接受您的观点。可以选择强制策略的其他情况：当您必须在紧急情况下做出决定时；当您面对的人缺乏能力时；当需要采取不得人心的行动时；当对方的决定会使您付出高昂的代价时。

· 当与他人的关系比谈判中的利益更重要时，请您迁就。在各方都有“输”有“赢”的长期关系中，迁就是一个很好的策略。这是一种平衡关系。如果您不确定自己是对的，而利益对对方来说特别重要，或者对抗会导致您失去的比得到的还要多，那么迁就策略也是有用的。

· 当利益对您和对方同样重要时，请尝试制定解决问题的策略。这一策略也适用于面临的问题很复杂或需要双方的资源来实现一个目标的情况。但是请注意，制定解决问题的策略需要投入大量的时间和精力。

· 在关系和利益都不重要的情况下回避冲突：当与对方的关系和利益都不重要时。虽然回避似乎是一种“非策略”，但它可以为激烈冲突提供有效的冷静期。

· 当利益和关系具有中等重要性但双方追求的目标相互排斥时，请选择妥协。但请记住，使用妥协策略，各方都不会对谈判真正满意，并且从长远来看，这种策略会产生怨恨和挫败感。

调整行为的变量

除了动机之外，谈判者的行为也因他们是谁（个人因素）和他们所处的情境（背景因素）而有所不同。

谈判者的个性

虽然谈判能力不一定是天生的，可以通过经验或教育获得，但有些人似乎能够比其他人更好地控制它们。然而，请注意，您越认为这些能力是稳定且难以获得的，您的谈判结果就越糟糕。所以，要对自己的学习能力有信心。

个人对社会价值的取向各不相同。与认为其他人至少和自己一样重要的利他主义者相比，关注自身利益的利己主义更具竞争性。

也请记住，两个利他主义者取得的成果优于利己主义者所取得的成果。如果您是利他主义者，而您面对的是一个利己主义者，不要惊慌，一个利他主义谈判者的存在足以增加双方的谈判结果。但是，请注意，此累积结果并不反映以牺牲您的利益为代价累积对方的利益。太多顾虑或者对双方的关系太过焦虑，永远不会为双方带来任何好的进展。

谈判者的权利

权利是一种潜在的影响力。它可以有多种来源：您拥有的信息；像个人魅力之类的个人属性；您在整个体系中所占据的位置；您的关系或谈判发生的特定背景；等等。

人们根据他们所扮演的角色行事，不要相信人们的行为在弱势情况和强势情况下是相同的。

缺乏权利的个人会花费更多时间去搜索信息和更深入地处理信息。鉴于信息在谈判中的重要性，有权利的人在搜索和处理信息时缺乏动机，可能会对自己不利。总之，即使您很强大，也永远不要放松警惕！然而，权利也与更大的需求和要求有关。正如我们所知道的，锚定过程意味着要求的越多，得到的就越多。

记住，权利是感知问题：您认为自己是强大的，您就会强大；想象自己是软弱的，就会遭受别人的剥削。

谈判者的两大任务

部署影响策略

人们可以在认知、情感和行为三个方面影响他人。

框架是主要的认知策略。使用前文介绍的不同框架形式来改变对方的看法，从而让对方重新考虑自己的立场和要求。

说服也是一种认知策略。当您的论点很有力，而对方又很关注您的意见时，就可以使用说服技巧。请注意提出论点的方式。良好的结构性和逻辑性通常更具说服力。

避免使用攻击性策略。除了在道德上有争议之外，它们还会破坏关系甚至导致冲突升级。

发现创造性的解决方案

必须时刻问自己“为什么……”，“为什么您会提出这样的要求？”“为什么对方在这一点上如此坚持？”……回答“为什么”，是给自己提供机会去发现和理解各方的真实动机与行为。这也意味着给自己机会去探索更具创造性的解决方案。

当各方讨论多个主题且对每个主题的重要性有分歧时，就实行各有取舍的交换战略：在对方认为重要的问题上做出实质性让步，您就可以在自己关注的中心问题上要求对方做出同等让步。

当各有取舍的交换战略不适用时，请考虑其他策略，例如降低成本、非特定补偿和增加资源。不要犹豫，将这些不同的策略结合起来。展现自己的创造性，是获得相互满意的解决方案的最佳机会，既能够解决您的顾虑，又可以保持和对方的关系。

第 7 章

不可避免和难以控制——情绪的力量

情绪与心情相比是有差别的。情绪呈现出一种明显的强烈性，是特定的并且可能与显而易见的原因有关；心情则更为平淡，不那么强烈且与特定原因相关性较弱。

除了强度之外，情感体验在诱发力方面也有所不同，有些是吸引力，有些则是排斥力。而关于情绪的划分更加精确，人们会区分平静或热烈的喜悦以及悲伤或恐惧的愤怒。

在本章中，我们还会谈到主要情绪，即与其他物种所共有的最原始的情绪，例如，快乐、恐惧、愤怒、悲伤；以及次要情绪，即人们所说的主要由人类感知的进化情绪，例如，羞愧、内疚、同情。

不要被过于强烈的快乐或愤怒蒙蔽

情绪是行为的重要决定因素。例如，当代理论提出了一个概念，其中认知成分（认知和信念）激活了特定的情绪，而这些情绪反过来又使个人容易产生特定行为。因此，当蛇突然出现在我的面前时，我会认为它是危险的，它会激起我的恐惧情绪，而这种恐惧将导致我产生逃跑行为。

我们并不总是很清楚我们的情感对周围的影响。这对于分散的心情尤其如此，有时很难定义。次要情绪也是如此，这些情绪由某事件产生，并且会影响我们对独立事件的评价和反应。

情感是谈判的基础有三个原因。一是情感会影响判断和信息处理的认知过程。二是情感决定参与者的行为类型。三是情感对各方关系的正负向发展起着重要作用。

认知后果

我们感受到的情绪能影响我们的内部状态，还能为我们解释自己所处的环境。情绪一致效应就是，当必须评估我们对一个物体的吸引力时，我们会做出与情绪一致的判断。例如，在谈判中，谈判者会认为，对方心情好时提出的论点更为积极。

情绪一致性效应只在个人认为情绪是一种合理的信息来源时，才会表现出来；当情绪被归因于个人正在判断的事件之外的来源时，它们就会消失[①]。

情绪一致性效应也可以通过更具体的情绪来观察，即使它不是那么成体系。如上所述，与心情的分散性相反，情绪代表对特定事件的具体反应。从这个意义上说，首先，情绪的信息力和由此产生的一致性效应，通常仅限于引发该情绪的事件。其次，情绪比心情更多样化，并且与行为反应相关。

例如，愤怒、恐惧、悲伤和内疚都是负面情绪，尽管它们缘于截然不同的原因，会产生同样各不相同的反应。当他人被判断为消极经历的主要原因时，个人会感到愤怒。如果消极经历是因不可抗力的事件造成的，个人就会感到悲伤。最后，如果个人认为自己要为消极经历的发生负责，他们会感到内疚。

根据这些结果和情绪一致性假设，有研究者提出，个人所感受到的特定情绪会影响他们对所在环境中发生的事件的解释[②]。在这些研究者的一项研究中，诱导参与者感到愤怒或悲伤。然后向他们讲述一个故事，故事中的主人公有一次消极经历，而产生该消极经历的原因被故意模糊处理。这些参与者因此而认为消极经历的产生是他人行为的结果或不可抗力环境的结果。

---

① 诺伯特·施瓦茨、杰拉德·克洛里：《感受与非凡的经历》，《社会心理学：基本原理手册》（第二版），美国吉尔福德出版公司，2007年。

② 达彻·凯尔特纳、菲比·埃尔斯沃思、卡里·爱德华兹：《超越简单的悲观主义：悲伤和愤怒对社会知觉的影响》，《人格与社会心理学杂志》，1993年，第64期。

如图10所示，对模棱两可情况的解释因情绪而大不相同。愤怒的参与者认为他人应为该消极事件承担更多的责任，而悲伤的参与者能更快速地发现情况的原因。

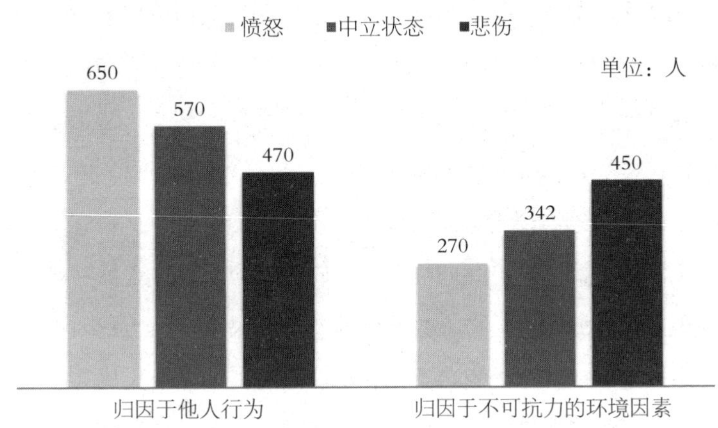

图10　将消极事件的原因归于他人或基于情绪感知（愤怒或悲伤）的环境因素

在谈判中，各方经常遇到一些没有明确界定原因的事件。此时，情绪所起的作用是不容忽视的。例如，愤怒的谈判者往往会高估对方在发生消极事件时应负的责任，而低估环境的影响，这会增加愤怒的谈判者使用攻击性或报复性策略的可能性。

在认知范围内，情绪能影响信息处理过程。大多数研究者分析情绪对信息处理过程的影响时，都试图比较快乐和悲伤的不同影响。结果相当一致地表明，快乐的人往往比悲伤的人更经常使用启发式判断，并且进行不太详细的背景分析。

许多研究的结果证实了快乐和悲伤对信息处理过程的反作用。

例如，在分析推理任务中，对情况进行系统详细的分析能够产生更好的业绩，因此悲伤的人胜过快乐的人[①]。悲伤的人对在说服过程中提出的论点的质量更敏感，对有力论点的反应更积极；而快乐的人会被不同质量的论点无差别地说服。另外，快乐的人在印象形成方面更倾向于使用启发式判断，在评判他人时或使用产品品牌信息来估计产品的价值时[②]，快乐的人经常会落入陈规定型观念的陷阱。

另一方面，快乐的人缺乏对细节的关注，这使他们在解决问题时具有精神上的灵活性和创造性。例如，在综合谈判的情况下，当面对面谈判的人受积极情绪影响时，更容易发现有利于各方的最佳协议[③]。

除了快乐和悲伤，愤怒也会影响谈判者处理信息的过程。与快乐类似，愤怒会增加启发式判断的使用，并减少对信息的系统处理。在说服的情况下，愤怒的人更容易受到对方可信性的影响，而不易受其论点质量的影响。相应地，和快乐的情况一样，愤怒比悲伤更有利于开发创新性的解决方案。然而，愤怒对创造力的有益影响只是暂时的，并且会随着时间的流逝而减少。因为愤怒比悲伤能调动更多的能量，最终参与者会感到精神疲惫。

在分配谈判中，快乐的谈判者不易受到对方带有剥削意图的伤

---

① 施瓦兹、斯库尼克:《感觉与思考：对解决问题的意义》,《问题解决的本质》，英国剑桥大学出版社，2003年。

② 阿达瓦尔:《就是如此：影响一致和影响不一致的产品信息的差异加权》,《消费者研究杂志》，2001年，第28期。

③ 卡内维尔、伊森:《积极情绪与视觉信息通道对于双边谈判中发现整体解决方案的影响》,《组织行为与人类决策过程》，1986年，第37期。

害。悲伤使谈判者对提出的论点保持警惕，可以预防落入启发式判断的陷阱。相反，在综合的情况下，快乐（和愤怒）比悲伤更能使谈判者灵活地考虑一系列不同的解决方案，并增加获得相互满意的结果的倾向。

行为后果

从最初关于行为后果的研究开始，研究者推测了情绪尤其是愤怒对谈判者行为的有害和消极影响。例如，愤怒促使谈判者在感觉受到侵犯时采取报复行为，并保护自己免受伤害[①]。愤怒和侵犯之间的联系是相对直接的，因此研究者把愤怒视为谈判的风险因素；它降低了谈判者的客观性，将谈判者的注意力集中在消极事件上，并将谈判者的宗旨和目标指向复仇而不是寻求协议。

一些研究者在评估愤怒的影响时并不那么悲观。愤怒是一种能够促进接近对方的情绪[②]。虽然这种接近的意图有时会导致攻击和破坏性行为，但情况并非总是如此。根据个人和/或环境，这种做法还可能引发更具建设性的行动，例如，对和解的支持和妥协的意愿。特别是当这种情绪不伴有对对方的仇恨时，愤怒会推动对积极行动的支持[③]。

---

① 罗伯特·阿德勒、本森·罗森、艾略特·西尔弗斯坦：《谈判中的情绪：如何对待恐惧与愤怒》，《谈判日报》，1998年。

② 哈蒙·琼斯：《阐明不对称额叶皮层活动的情绪功能》，《心理生理学》，2003年，第40期。

③ 伊兰·哈珀林、亚历山大·罗素、詹姆斯·格罗斯、詹姆斯·克罗斯：《愤怒、仇恨和对和平的追求：在没有仇恨的情况下，愤怒可以具有建设性》，《解决冲突杂志》，2011年，第55期。

愤怒往往源于人们感受到了不公正，即对方没有采取任何的纠正行动。与这种愤怒有系统地引起复仇心切的理论相反，有研究者假设愤怒有时可能会增加人们采取更公平的行动的倾向[①]。在他们的研究中，这些研究者引导参与者要么产生愤怒情绪，要么产生快乐情绪。然后，产生快乐情绪的参与者必须与一位研究员互动，这位研究员会随机提出相对公平或不公平的提议。

一方面，参与者对这个提议的第一反应因自己的情绪而不同：愤怒的人更容易拒绝不公平的提议，而快乐的人则更容易接受不公平的提议。另一方面，从长远来看，当参与者也有机会提出提议时，愤怒的人更有可能向对方提供公平的提议，而快乐的人则毫不犹豫地提出与之前从对方那里收到的不公正程度相同的提议。

积极情绪使个人容易对对方和一般谈判产生积极倾向。例如，它们增加了宽容和利他主义的倾向。满意的谈判者是合作性的，他们会帮助对方，并寻求一个令所有人都满意的综合协议[②]。这种对对方的积极态度反映在让步的增加和敌对行为的减少上[③]。

到目前为止，我讨论的研究大多是研究价值效应的。但是，人们所感受到的情绪更多样化。同样，并非所有的积极影响都必然产生合作行为，也并非所有的消极影响会一贯地增加竞争动机。

基于这一发现，有研究者建立了一个模型，根据该模型，情绪

① 爱德华多·安德拉德、丹·阿里里：《短暂情绪对决策的持久影响》，《组织行为与人类决策过程》，2009年，第109期。

② 卡内维尔、伊森：《积极情绪与视觉信息通道对于双边谈判中发现整体解决方案的影响》，《组织行为与人类决策过程》，1986年，第37期。

③ 巴伦：《环境引导的积极影响：它对自我效能、任务绩效、谈判和冲突的影响》，《应用社会心理学杂志》，1990年，第20期，368～384页。

和行为会根据两个维度而产生变化：事件的价值和事件的原因。这些研究者一方面区分了积极（成功）经历和消极（失败）经历，另一方面区分了这些经历是由自我还是对方造成的。当成功归因于自我时，谈判者会感到自豪。这种自豪感会使人产生特别积极的自尊心和保留收益的愿望。因为谈判者试图保持自己的正面自我形象，自豪会导致对对方采取竞争行为。相反，当成功归因于对方的行为时，谈判者会感谢对方并会付出同等回报。这就是为什么感谢会增加合作动机。通过这个例子，我们可以看到，两种积极情绪可以产生两种截然不同的行为。

同样的事情也发生在情绪的消极方面。当对方被认为应该对消极经历负责时，谈判者会感到愤怒，这将增加其竞争、支配的倾向，并导致冲突升级。相反，当谈判者将失败归咎于自己的行为时，他会感到羞愧和/或内疚。这些情绪削弱了他的自尊心，并可能导致他想要迅速结束谈判，更倾向于合作并采取妥协策略。

情绪也可以是有用的工具

谈判者何时以及如何受到其对方的情绪和心情的影响？

情绪影响通过两个过程来进行观察：认知过程和情感过程[①]。情感过程是指对话者的情绪在我们身上产生的直接情绪反应。当人们互动时，他们会本能地模仿对话者的表情。这种模仿深深植根于人类行为，被认为适用于进化的角度，因为它促进了物种内部的沟通和优质人际关系的发展[②]。

情绪也起到向外部观察者传递信息的作用[③]。情绪会告知对方关于谈判者对他的感受及其行为意图。这就是推理的认知过程。根据情绪所做出的推理，同样的情绪表达可能导致特定行为（例如合作）或相反的行为（例如竞争），但是这些推理并不成系统。让我们从支持推理过程的条件开始讨论。

第一，与自然产生的情绪感染不同，推理的认识过程在精神上

① 赫尔本·凡·克利夫：《情绪如何调节社交生活》，《心理科学时讯》，2009年，第18期。

② 杰西卡·拉金、瓦莱丽·杰弗里斯、克拉拉·米歇尔·郑、谭雅·查特朗：《变色龙效应作为社会粘接：无意识模仿的进化意义的证据》，《非语言行为杂志》，2003年，第27期。

③ 夏皮罗：《谈判的情绪》，《冲突解决季刊》，2002年，第20期。

相对昂贵。为了进行推理，或者换句话说，对方为了将情绪分析当作在谈判背景中应考虑的信息元素，必须先主动去处理情绪信息。

第二，为了使谈判者所表达的情绪得到对方的有效处理，必须有足够的精神资源。无论是否是情绪方面的，有效处理信息都是一个昂贵的心理过程。被信息淹没或时间紧迫的谈判者，通常倾向于在心理投资方面采用成本较低的启发式判断[①]。

情绪必须在特定背景中被视为适当的互动。不是所有文化都有相同的情绪接受标准。在西方社会中，在谈判中表达愤怒是被普遍接受的，并被认为是正常的；而在其他文化中，这种情绪被认为是明显违反互动规范的[②]。

一旦确立了三个先决条件（对方有动力、有足够的认知资源、有适当的情绪），就可以进行推理了。

愤怒可以使人产生不同的推论。先要区分情绪推理（与个性相关）和情境推理。对方问的第一个问题是表达的情绪，是由个人特征因素引起的（他/她的坏脾气），还是由背景因素引起的。

当指向行为（谈判者因为对方行为不当而生气）而不是个人（谈判者因为不喜欢对方而生气）时，愤怒的表达更容易引起对方的积极反应。

然而，当被归因于背景时，谈判中愤怒的表达可以引起两种类型的推理。要么对方将谈判者的愤怒解释为反映了谈判者遇到令

---

① 赫尔本·凡·克利夫、卡斯滕·德德鲁、安东尼·曼斯特德：《谈判中愤怒和幸福的人际影响》，《人格与社会心理学杂志》，2004年，第86期。

② 亚当、希拉科、麦达克斯：《谈判中愤怒情绪对于人际影响的文化差异》，《心理科学》，2010年，第21期，882—889页。

其不舒服的情况（提议过于接近其底线）；要么对方认为，这是谈判者遇到了不可接受的行为（对方提出了不公正的提议或违反了规则）。

基于上述推理，对方会得出两种类型的结论：一是谈判可能导致僵局，二是谈判者可能会采取竞争或报复等消极行为。这些结论反过来又对对方引起一种威胁感和恐惧感，而对方则准备做出更多让步或减少要求。更直接的影响是，当对方认为谈判者的愤怒是由于自己的恶意行为而直接导致的时候，就会产生内疚感，并因此可能增加合作行为。

总之，当源于情境推理时，愤怒会向对方发出信号，表明对方已经越过了界限，以及如果对方不希望谈判陷入僵局，就应改变其行为。

而快乐会产生相反的效果。快乐表明一切都（很）好，谈判者仍然远离他给自己设定的底线。面对愤怒的谈判者，对手往往会减少他们的要求；而当谈判者表达快乐时，对方就会增加要求。

图11和图12来自格赫尔本·凡·克利夫等人的早期研究之一，说明了在谈判中愤怒和快乐的人际影响[①]。图11突出了推理的认知过程，图12则显示了情绪感染的情感过程。两种类型的过程产生了相反的反应。当认知过程介入以减少对方的要求时，情绪过程会增加其负面情绪反应，从而可能产生竞争行为。值得注意的是，这些结果是从同一项研究中获得的。这意味着认知和情感过程不是相互

---

① 赫尔本·凡·克利夫、卡斯滕·德德鲁、安东尼·曼斯特德：《谈判中愤怒和快乐的人际影响》，《人格与社会心理学杂志》，2004年，第86期。

排斥的；相反，它们是共存的。

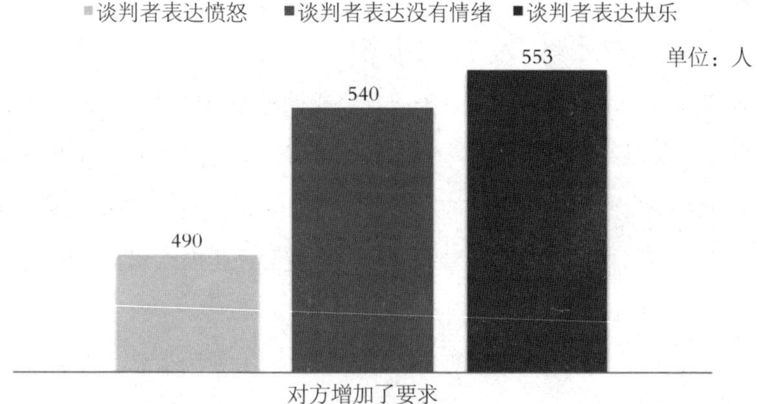

图11 谈判者表达的情绪对对方提出要求的影响

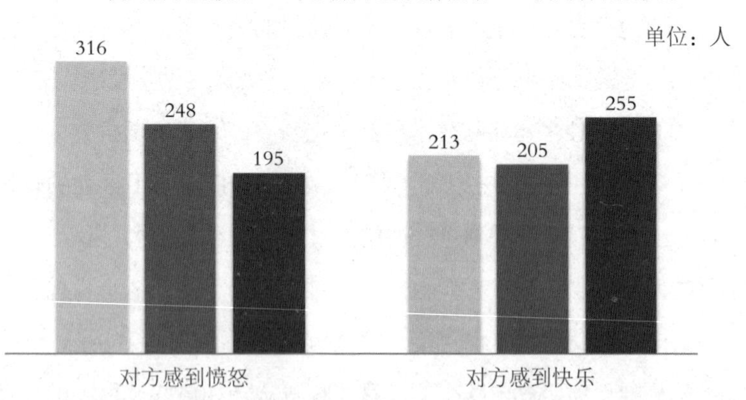

图12 谈判者表达的情绪对对方感受到的情绪的影响

在愤怒的背后，首先是谈判对方所感知到的威胁。冷淡地直接沟通在增加对方的让步方面比表达愤怒更有效[1]。

与愤怒的情绪反应相反，冷威胁反映了谈判者充满自信，并且可以控制自己的情绪，可以事先考虑其行为并了解可能发生的后果。这种谈判者被对方认为可能会采取行动来落实威胁，因此在引起所期望的让步方面特别有效。在谈判后期而不是在谈判初期时表达威胁和愤怒会产生更好的结果。

在谈判过程中，往往不止表达一种情绪，谈判者会交替出现快乐和消极的情绪。与谈判者直接或完全诉诸于愤怒相比，从表达快乐转向表达愤怒在让对方做出让步方面更有效[2]。此外，过渡效应也增加了对方对谈判者评估的积极性。

同样，情绪不一致或不可被预知的谈判者可以获得更多的利益，因为不可预测性会降低对方对结果的控制感[3]。但要注意，不一致并不意味着矛盾。情绪矛盾的谈判者是看起来犹豫不决、对自己没有把握的。犹豫往往是没有权利的人的特征。因此，情绪矛盾在对方的谈判者中会产生一种权利感，对方不会增加让步，而是试图控制这个对自己没有把握的谈判者。

还有一些其他类型的情绪对对方行为的影响。当谈判者表示失

---

① 马尔万·辛纳西、赫尔本·凡·克利夫、格本、亚当、哈格：《热情还是冷淡：在谈判中传达愤怒或威胁是否更有效？》，《应用心理学杂志》，2011年，第96期。

② 艾伦·菲利波维奇、西格尔·巴萨德、希穆尔·梅尔瓦尼：《了解情绪转变：谈判中变化的情绪对人的影响》，《人格与社会心理学杂志》，2011年。

③ 马尔万·辛纳西、亚当、赫尔本·凡·克利夫、加林斯基：《不可预测的优点：当情绪不一致时如何在谈判中取得让步》，《实验社会心理学杂志》，2013年，第49期。

望或焦虑时，对方会做出更多的让步，但当谈判者感到内疚或遗憾时，对方会增加要求。然而，只有当各方之间的关系具有高度信任时，这些影响才可见；对方必须相信谈判者所表达的情感的真实性，才会对其做出适当的反应[①]。

---

① 赫尔本·凡·克利夫、卡斯滕·德德鲁、安东尼·曼斯特德：《冲突和谈判中的恳求与让步：失望、担忧、内疚和遗憾对人际关系的影响》，《人格与社会心理学杂志》，2006年，第91期。

如何调节自己的情绪

情绪（及其表达）既会产生积极后果，也会产生消极后果。例如，虽然快乐会激发积极的人际态度并促进关系的持续性，但会降低对方做出让步的倾向并且容易受到欺骗。相反，虽然愤怒会增加冲突升级的风险、对方复仇行为的产生，并且降低了谈判者准确分析局势的能力，但也会增加对方的让步行为，并且有助于发出潜在危险的信号。

综上所述，学习如何管理情绪、利用情绪而非忍受情绪非常重要。这叫作情绪调节，即当个人感知到情绪，了解自己是如何感知到情绪和表达情绪时，个人影响其所感知情绪的过程[①]。

进行情绪调节可以采取三种特定形式：认知再评估、表达抑制和情绪模拟。

认知重新评估涉及对情绪触发事件的重新解释。当个人站在不同的、更中立或客观的角度看待事件时，这种重新解释就会产生，而这会减少情绪影响。认知再评估经常被比作反复思考。在这两

① 詹姆斯·克罗斯：《情绪调节的新兴领域：综合综述》，《普通心理学评论》，1998年，第2期。

种情况下，个人都会想到情绪体验的触发事件。但是，在反复思考中，他们会从个人角度出发，关注自己的情绪感受；而在认知再评估中，他们会通过不同角度，更客观地重新审视事件，并专注于第三方可能的感受。这些不同的接近产生情绪事件的方式会影响个人随后的反应。

面对谈判中不公正的经历，认知再评估使谈判者能够克服不公正感所产生的愤怒，并引导他提高自己的客观业绩[①]。

谈判中用来调节情绪的另一大策略是表达抑制。专家有时建议谈判者遵守沉默规则，以避免传递可能为对方所利用的信息。与此相同的逻辑是抑制情绪表达。这种情绪抑制类似于扑克玩家所注重的无表情（扑克脸）。玩家阅读对手的面部有效信息越多，越能赢得更多收益（如果他有一手好牌）或遭受更低损失（如果他有一手坏牌）。

了解对方的情绪可以使互动更加可被预测。为了避免被对方利用，最好不要表达太多的情绪。但抑制情绪的表达未必是一种解决办法，主要有以下几个原因。

第一个原因是，抑制情绪表达通常会给使用它的人带来消极后果。尤其是与在认知再评估中发现的结果相反，抑制情绪表达往往会减少所获得的利益。在抑制情绪表达时，自己对情绪的体验并没有直接减少。即使不向对方传递自己的感受，自己仍然会受到影响。

第二个原因是，抑制情绪表达是一种昂贵的认知机制。也就是说，抑制情绪表达会动用更多的认知资源。抑制情绪表达会使谈判

① 艾玛·法比安松、托马斯·登森：《谈判中的愤怒法则》，《攻击行为研究手册》，新星科学出版公司，2009年。

者疲劳，并使其偏离目标。这种疲劳感和偏离会干扰其搜索和解释信息的策略，并因此干扰到谈判结果。

第三个原因是，如果抑制面部表情，谈判者就无法通过面部表情表达情绪。打乱人们感受情绪的过程，可能会对谈判者不利。例如，愤怒感有助于谈判者发现问题和潜在的危险①。

抑制面部表情也会降低谈判者准确识别对方情绪的能力。通过研究使用肉毒杆菌或玻尿酸的病人完成情绪识别的情况②，发现人们可以使用自己的面部反馈来识别对方的情绪表达。虽然人们是在模仿对方所表达的情绪，但仍然会产生面部反馈。如图13所示，与使用玻尿酸相比，使用肉毒杆菌的病人的情绪识别率降低了7.01%。

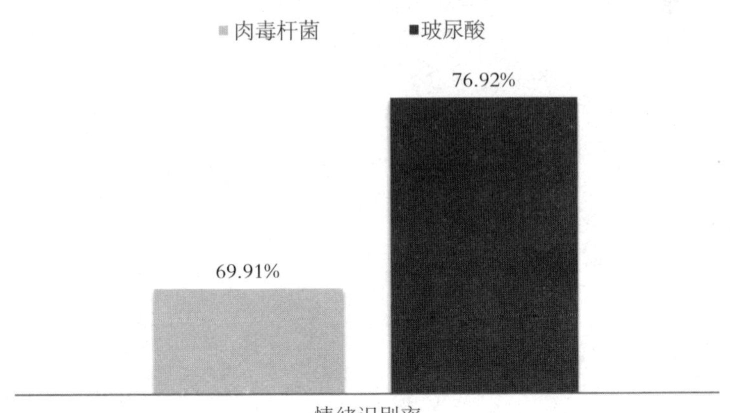

图13　注射肉毒杆菌或玻尿酸后情绪表达的识别率

---

① 达利:《愤怒对并购谈判的影响》,《谈判杂志》，1991年，第7期。

② 大卫·尼尔、塔尼亚·查特兰德:《体现的情感感知：放大和抑制面部反馈可调节情感感知和准确性》,《社会心理与人格科学》，2011年，第2期。

最后，抑制情绪表达也会在对方的领导者中产生不必要的效果。面对谈判者所表达的模糊情绪，对方在推理过程中可能会使用其他方法。正如第2章中已经提到的，零和偏见可能导致谈判者将对方的中性表达解释为敌对行为。或者，对中性表达的解释可能会产生与谈判者所属群体有关的陈规定型观念。

有些人认为，使用情绪模拟可以使对方产生对谈判者有利的推理和反应，从而实现谈判者的目标。然而，在谈判中进行愤怒情绪模拟，会产生与预期相反的结果[①]。假装愤怒会降低对方对谈判者的信任感，这会增加要求而不是让步。

与愤怒相反，快乐情绪模拟会产生相对积极的后果。模拟积极情绪的谈判者更有可能得到对方的让步，并看到对方乐于在未来与自己继续发展关系[②]，双方更易于达成协议。

① 斯特凡内·科雷、伊沃娜·希德格、赫尔本·凡·克利夫：《在谈判中假装愤怒的结果》，《实验社会心理学杂志》，2013年，第49期。

② 雪莉·科珀曼、阿什利·谢尔比、雷·汤普森：《三个面孔：谈判中积极、消极和中立情绪模拟的战略展示》，《组织行为和人类决策过程》，2006年，第99期。

高情商解读对手的情绪

有人认为个人在情绪方面的能力不相等，这就是所谓情绪商数。持这种观点的人认为，情商来自不同的方面。例如，能敏锐感受情绪的人，更能够准确地感知和表达自己的情绪，以及有效地获得他的情绪感受，以便思考、理解、分析和调节自己以及其他人的情绪[①]。

情商高意味着对情绪信息的敏感度更高，这有利于谈判[②]。高情商可以将与情绪相关的负面影响最小化，并促进基于情绪的战略和战术的实施。

一些研究者研究了情商的亚维度，即准确识别对方情绪表达的能力。他们认为，准确的情绪识别能产生更好的客观业绩。业绩的增长既表现在交易者在谈判期间创造价值的能力上，也表现在谈判者获取最大份额利益的能力上。

还有一些研究者调查了谈判者的情商对对方主观满意度的影

① 梅耶、萨洛维:《什么是情商？》,《情感发展和情商：教育意义》，美国基础书籍，1997年。

② 史密斯·富尔默·英格丽德、布鲁斯·巴里:《聪明的谈判者：谈判中的认知能力和情商》,《国际冲突管理杂志》，2004年，第15期。

响[1]。这些研究者指出，拥有理解对方情绪的能力，可以提高对方对结果的满意度。这种满意度反过来使对方产生了对谈判者的积极评价和今后的谈判意愿。

高情商并非一贯地有益，有时会产生不良后果。一是情商高的人预测能力较低，他们高估了事件对情绪的影响；二是同样的个人，由于消极经历而表现出特别高的遗憾和失望率，但在事件发生5天后，则不再受此情绪的影响[2]。

---

① 詹妮弗·穆勒、贾里德·库尔汗：《谈判中的情商和对方情绪诱导》，《冲突管理杂志》，2006年，第17期。

② 尼克·塞维达利斯、佩特里兹、奈杰尔·哈维：《特质情绪智力和与决策有关的情绪》，《人格与个体差异》，2007年，第42期。

爆发愤怒不一定带来有益影响

情绪通过生理激活来调节行为，但也通过个人的信念来调节行为。快乐和愤怒对个人的吸引力因个人在谈判中所追求的目标而不同[①]。个人会认为在对抗性情况下，愤怒对实现目标更有用；在合作情况下，快乐会更有益。

参与者被告知在与对方谈判时，要么以对抗方式，要么以合作方式，然后判断愤怒、喜悦或恐惧三种情绪在谈判中哪一种最有用。参与者还被要求在开始实际谈判之前选择可以引起快乐、愤怒或恐惧的活动。根据作者的假设，个人在谈判中保持与情绪有用性有关的信念，并设法参与他们认为最能帮助其实现目标的活动。在对抗（分配）情况下，愤怒被认为更有用；而快乐正相反（恐惧与谈判中的有用性无关）。

与背景相关的情绪的信念是由文化决定的。每个社会都带有一套标准，以便根据不同情况来确定应该做什么或不应该做什么。例如，西方的社会文化比东方的社会文化更容易接受在谈判中表达

---

① 玛雅·塔米尔、布雷特·福特：《当感觉不好时，感觉很好：社交冲突中的情绪调节和结果期望》，《情感》，2012年，第12期。

愤怒。

一个人如何调节自己的情绪还与信念有关。在我们社会中最坚定和根深蒂固的信念之一就涉及所谓愤怒缓解（也称宣泄理论）所产生的有益效果。这个想法起源于亚里士多德，几个世纪后，由西格蒙得·弗洛伊德引入心理学。他们认为，需要释放负面情绪以便情绪得到有效的调节，进而发展更积极的行为。简而言之，大声喊叫对个人（及其周边环境）来说，比使用其他减少情绪的技巧更有用。

愤怒表达也存在有害的影响。愤怒不能缓和紧张局势，反而会促使冲突升级。此外，虽然愤怒有时会产生好处（正如我们在“情绪也可以是有用的工具”一节中所讨论的），但这种策略在使用时也经常会失去效力。

本章小结

情绪对个人内部的影响

认知后果

积极的心情会让人做出积极的评价，而消极的心情会让人做出消极的评价。请当心这种偏见。您心情不好并不意味着对方向您提出的一切提议都是消极的（如果您心情很好则相反）。

当谈判情况模棱两可时，情绪也会影响归因理论的过程。愤怒时，您可能会错误地认为问题应该归咎于对方，因此没有考虑到环境因素。

快乐和愤怒的谈判者比悲伤的谈判者更容易使用启发式判断。过度使用启发式判断是危险的，因为它会导致谈判者进行相对贫乏和粗略的情况分析。不要被过于强烈的快乐或愤怒蒙蔽。但也不要忘记，积极情绪有助于创造和寻找新的解决方案。

行为后果

愤怒会增加对方的竞争和复仇行为，尤其是对对方产生仇恨感时。因此，愤怒不利于长期关系，并且不建议在其控制下行事。当您处于强烈的愤怒状态时，不要急于攻击对方，要先评估过度攻击行为将造成的不利后果。

相反，快乐有利于谈判双方关系的发展。但是，请再次保持警惕。您很高兴并不意味着必须把一切都让给对方。一旦情绪消退，您可能会后悔不已。

人际情绪影响

表达情绪会对谈判双方产生影响。首先，因为情绪具有感染性。其次，因为情绪会将我们的信息传递给对方。

表达愤怒有时是有益的，它可以向对方表明，您的底线正在被超越，如果不想让谈判陷入僵局，他最好做出让步。但是请注意，这必须具备以下几个先决条件。

一是确保对方是真的想要分析您表达的情绪。二是情绪是由情况产生的（而不是您的坏脾气）。三是要分析社会背景：在某些文化中，在互动中表达愤怒会受到严厉的制裁。

要使用非常微弱的愤怒表达。永远不要忘记情绪是具有感染性的，愤怒会引发对方的愤怒，即使您的情绪表达提高了对方的让步程度，但对方将来也会试图报复。此外，过度情绪化的愤怒反应会给对方留下谈判者已失控的印象。冷威胁而不是情感威胁通常会产生更好的结果。

表达积极情绪也是有益的，会使对方心情更好、更愿意合作。但是，请避免表露过多的满意。太过明显的满足感会给对方留下一种印象，即他本来可以做得更好，甚至是您骗取了他的钱财。

调节情绪

可以使用多种方法来调节您的情绪。

反复思考（反复思考情绪的触发事件）会加重您的情绪，降低您的客观业绩，所以要避免进行反复思考。

认知再评估（从另一个角度重新审视情绪的触发事件），与反复思考相反，可以降低您的情绪强度，进而增加您的任务业绩。

抑制情绪表达（试图抑制情绪）是无效的。情绪并不能真正被抑制，往往会在以后重新出现。它会产生许多负面后果。抑制情绪表达在心理上是昂贵的，因此使用您本可以更好地利用的认知资源。抑制情绪表达还会阻止您受益于面部反馈，而面部反馈既有利于识别自己的情绪，也有助于识别对方的情绪。最后，您通过使用抑制所传达给对方的情绪模糊性可能会导致对方使用其陈规定型的观念来解读您的感受。但是请注意，扮“扑克脸”有时会有好处，因为情绪是信息的来源，但有时对方也会用它们来对付您。

如果假装的情绪是积极的，情绪模拟（假装感受一种情绪）将对您有利并且将促进和谐关系的发展。相反，假装愤怒是有害的，因为如果对方意识到您在假装，他会对您失去信心甚至增加要求。

高情商

不要害怕一个能解读您情绪的对手。关于这个问题的少数研究表明，拥有高情商对手的谈判者可以从对方那里获得更多的利益。

如果您自己有这种能力，不要惊慌。您拥有的特殊能力可以促进产生对各方都有利的创造性的解决方案。高情商还会提高满意度和增加在未来的互动中拓展关系的意愿。

爆发愤怒不一定带来有益影响

每个社会都有一套信念，它们根据背景定义了适合使用的情绪。当您所面对的谈判者是西方人时，表达愤怒将很容易被接受。相反地，在与亚洲谈判者的谈判中请抑制您的消极情绪，因为他们所捍卫的谦逊和尊重的价值观与愤怒不相容。

最后，请忘记这种关于愤怒爆发具有有益影响的旧观念。喊叫一番既不能减少愤怒也不能减少攻击性。相反，当您的负面情绪太强烈时，请远离并去透透气，放松是更有效的方法。

第 8 章

谈判桌前的他和她——性别差异

在研究性别差异时，我们要考虑三种类型的影响。首先，我们会讨论男女之间明显的行为差异。其次，我们会研究谈判对象对男性和女性的差别对待。最后，我们会把讨论的重点放在背景差异上，即性别差异最可能出现的情况。

谈判被视为男性活动，就像缝纫被视为女性活动一样。无论这种判定方式是否使我们感到困扰，我们都必须承认它有一定的道理。但是，在谈判中，男女之间的差异更复杂。

女性谈判的弱势困境

对谈判中性别差异的研究主要着眼于女性的不足上。从这个角度来看，由于行为方式和心理预期上存在差别，相较男性，女性在这个议题上处于下风。无论是将这些差异归因于先天的生理差异，还是归因于社会因素对性别的影响[①]，这些观点都是将个人置于问题的中心。此外，这些研究都倾向于认定性别效应在时间和空间上都是稳定的。

其实，这些差异并没有像看上去那样一成不变。让我们先看一些很有说服力的研究成果。

性别的行为差异存在于谈判过程中的每个阶段。它们反映在谈判者对自身的看法、对谈判过程的预期、谈判行为，甚至对谈判结果或协议的满意程度上。举例来说，有研究指出，女性在面临陌生或具有竞争性的谈判任务时，对自身的表现更不自信[②]。

---

① 麦考比:《性别作为社会类别》,《发展心理学》，1988年，第24期.

② 史蒂文、巴维特、吉斯特:《薪资谈判技巧的获得中的性别差异：目标，自我效能和控制感的作用》,《应用心理学杂志》，1993年，第78期，723~735页。

在谈判领域，男性对谈判结果的预测更为乐观，并期待获取更高的报酬。男性也较少因谈判流程而忧心忡忡，并更坦然地接受比别人更高的薪水。

有研究[1]发现，女性经理人更不擅长预测谈判结果。此外，女性将谈判视为一段长期关系中的若干环节，而男性则更把每次谈判视为独立且互不关联的事件[2]。

这种想法上的差异至关重要，因为考虑谈判双方的关系究竟是短期还是长期，是影响谈判进程的重要因素，尤其决定着综合谈判的实施。

在谈判之前，女性设定的目标和期望值低于男性。我们曾在第1章中提到，借助锚定效应，设定高目标可以促成更好的谈判结果。

在谈判的过程中，性别不同也会导致行为差异。一项综合分析[3]中提出，女性的行为明显更具合作性，而男性的行为则反映出更多的竞争。但这些差异相对较小，并且会根据情况而变化。比如，背景因素对行为的限制越多，性别差异就越不明显，有时甚至会出现相反的结果。女性比男性更强的合作能力可以反映在沟通方式上。

---

① 卡罗尔·沃森、里查德·霍夫曼：《管理者作为谈判者：将权利与性别作为情感，行为和成果的预测指标进行测试》，《领导力季刊》，1996年，第7期，63～85页。

② 库伯、柯立芝：《她在餐桌上的位置：在谈判中考虑性别问题》，《谈判理论与实践》，1991年，英国哈佛大学谈判项目。

③ 艾米·沃尔特斯、爱丽丝·斯图尔马赫、莉亚·韦尔：《性别与谈判竞争力：多向分析》，《组织行为与人为决策过程》，1998年，第76期，1～29页。

男性比女性更早着手处理财务问题。男性比女性更常谈论自己的观点，但相对较少分享自己的个人信息[①]。在谈判结束时，由于上文提到的所有情况，女性获得的成果明显不如男性。

① 哈尔佩恩、帕克斯:《差异至上：在低冲突的谈判中，男性和女性在过程和结果上的差异》,《国际冲突管理杂志》，1996年，第7期，45~70页。

那些敢提条件的女性后来怎样啦

本节着眼于谈判对象的作用，在接下来的内容中，当提及谈判对象时，并不一定意味着这位对象是一位男性。

与人们可能想到的相反，男性和女性都体现出了区别对待与歧视女性的倾向。这种性别歧视现象不仅存在于谈判之中，也存在于其他社会领域。

此外，一些研究表明，在某些情况下，女性对女性的苛待更甚于男性对女性。在荷兰和意大利，尽管男女博士生参与研究的方式和呈现出的热情相差无几，但女性学术群体中的代表性却十分此薄弱。对此，有研究表明，教职员工对男博士生参与工作的评价高于对女博士生的。而更令人惊讶的是，这种评价上的差异尤其来自女教授，而非男教授[①]。

那么，谈判对象对性别差异的出现产生了什么影响？有一种文化层面的共识，倾向于认为男人比女人具有更强的能力和更高的地位。在这种共识下，女人被认为拥有更高程度的利他主义

① 艾勒默斯、范登·海维尔、德·吉尔德、马斯、邦维尼：《妇女在科学领域的代表性不足：差异化承诺还是皇后蜂综合征？》，《英国社会心理学杂志》，2004年，第43期。

思想[①]。

这些文化共识从根本上引导了我们对男性和女性所形成的期望。因此，当一位男性谈判者认为自己要面对的谈判对象是一位女性时，他会更期待达成一种合作，并且他会认为女性谈判对象的能力更弱。当谈判对象的性别未知时，这样的文化共识也会影响谈判者对于对方的假定性别的推论[②]。

心理预期会引导出相应的确认行为。首先，进行心理预期的人本身会受到影响。大多数研究表明，女性在谈判中更容易受到歧视。这个差异对某些人来说可能微不足道，但从长远角度来看，一个微小的待遇差异也可能引发很严重的歧视[③]。这也是蝴蝶效应的表现。

我们已经提到，男性与女性谈判者的心理预期并不一样，并且谈判对象对待他们的方式也有所不同。

目标对象越能达成人们的预期，人们对它的期待就会越强烈[④]。如果对方采取与我们对他的期望不一致的行为，会发生些什么？换句话说，一个展现侵略性，行事风格更男性化的女性，能否逆转局势，为自己争取更高的谈判薪酬？

---

① 塞西莉亚·里奇韦、雪莱·科雷尔：《展开性别体系：关于性别信仰和社会关系的理论观点》，《性别与社会》，2004年，第18期。

② 劳拉·克雷、利·汤普森：《性别定型观念和谈判绩效：理论和研究的考察》，《组织行为研究》，2005年，第26期。

③ 格哈特、赖恩：《男女MBA毕业生进行薪资谈判的决定因素和后果》，《应用心理学杂志》，1991年，第76期。

④ 马克·斯奈德、伊丽莎白·坦克、艾伦·伯沙伊德：《社会观念和人际行为：关于社会定型观念的自我实现性质》，《人格与社会心理学杂志》，1977年，第35期。

有学者对“面试官如何看待男女性在应聘中的自我营销行为”这一议题产生了兴趣。自我营销在应聘时非常重要，因为它可以使应聘者在潜在雇主面前建立自己有能力的形象。他的研究结果表明，虽然女性在自我营销的过程中获得了能力方面的认可，但这种认可会伴随着对其社交能力的极负面的评价①。

谈判的发起者（比直接接受面试官提出条件的人）更容易因为主动发起谈判这一行为而吃亏，面试官雇用他们的意愿也较低。这个效应在男性、女性身上都存在，但当谈判发起者是女性时，这种情况会更为明显。此外，尽管发起谈判似乎不会降低面试官与男性谈判者的合作意愿，但如果谈判者是女性，这种意愿就会大大减弱②。

上述研究的结论表明，在谈判中，像男性一样行事并不能帮助女性解决问题：她们不是在社交方面受到打击，就是因为没有按照人们对她们的期待行事而遭受挫折。

我经常举一个例子，假设有一个人在讨论中因生气而大吼大叫。当这个人是男性时，他的这些行为会被认为：他之所以生气，可能是因为我们提出的条件超出了他能接受的范围。他的行为也有可能被解读为他的性格体现：这是一个知道自己要什么的男人，他雄心勃勃，不会让步。但如果同样的行为发生在一位女性身上，就会得到完全不同的评价：她是一个歇斯底里的人，没有能力控制自

① 劳里·鲁德曼：《自我提升是妇女的风险因素：刻板印象管理的成本和收益》，《人格与社会心理学杂志》，1998年，第74期。

② 鲍尔斯、巴布科克·赖：《发起谈判的倾向是促使性别差异产生的社会因素》，《组织行为与人类决策过程》，2007年，第103期。

己的情绪。

为上述现象做总结，很有趣的是，当女性不直接为自己谈判时，她们会在不损害自身形象的情况下展现出自信（即男性化作风）。对她们来说，虽然自我营销会被拒绝，但她们仍可以替他人谈判。当女人作为他人的谈判代理人时，她们所展现出的自信就不会被认为与她们本身的社会形象不符，因为这种自信源于对他人的关切[①]。

① 鲍尔斯、巴布科克、麦克金：《制约与触发因素：谈判中的性别情境机制》，《个性与社会心理学杂志》，2005年，第89期。

身份立场与刻板印象是性别差异的背景因素

第三种会对性别效应的产生造成影响的因素是背景与形势。这种研究角度为解决性别差异的问题提供了可能性。

有研究者认为，尽管当谈判的主题展现出典型的男性风格时，男性的表现会优于女性，但当谈判主题更女性化时（比如销售珠宝），这种差距会消失。[①]

但是，在我与同事卡蒂娅·特谢拉进行的研究中，我们得出了完全相反的结论。我们要求女性与男性就分配任务的问题进行谈判。其中一种情况是，任务的主题与性别的关系都不大（比如组织一场社会辩论）；而另一种情况是，人们需要与同伴讨论如何分配家务，这一主题在我们的社会中明显与女性的关系更密切。然而，我们的研究结果显示，男性的表现并不会受到谈判主题的影响。反而是女性，在讨论家务分配时，她们的表现明显比讨论组织社会辩论时要不尽如人意（参见图14）。

---

① 贝尔、巴布科克:《谈判话题对谈判中性别差异的主导作用》,《心理科学》，2012年，第23期。

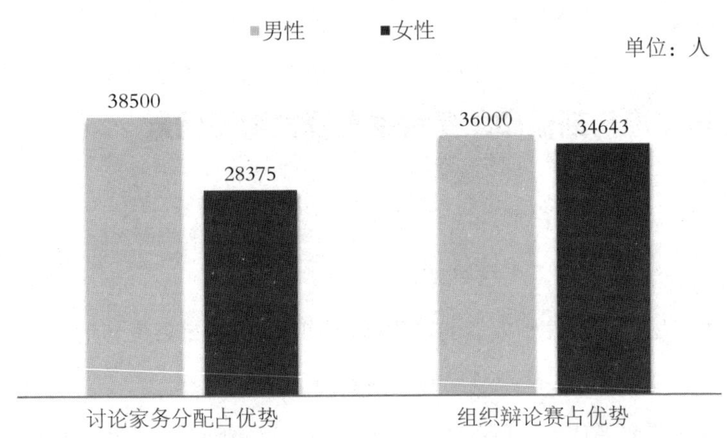

图14 男女性在中立主题（如组织辩论赛）或女性化主题（家务分配）的谈判任务中的表现

另一个重要的情境因素是谈判双方所采用的沟通方式。随着新技术的出现，越来越多的谈判通过电子邮件、电话或视频会议进行，即所谓虚拟谈判。虚拟谈判与面对面谈判的区别在于，两者可接收到的社会型线索的数量和类型都不同。社会型线索是谈判中的附加信息，例如，语气、衣着、面部特征等，它们可以缓和交涉的感觉，并且改变我们对谈判对象的印象。由于在虚拟谈判中，人们得到的社会型线索数量更少，类型也不尽相同，所以这样的谈判会削弱或消除双方的主次关系。

谈判者的身份立场是另一个影响谈判的背景因素，就像我们之前提到的，一位为了自身利益谈判的女性，会因为她的自信或带有侵略性的作风而吃亏。可相反地，如果她是作为一个团体的谈判代表（见第9章），如此的行事风格就会得到更多的谅解①。

性别的刻板印象与性别角色的社会化会影响谈判双方的预期与行为。最近的一项研究发展了这一观点。一方面，男女在谈判中的行为差异与性别的刻板印象具有一致性。另一方面，这种行为差异会让人们对高效和低效的谈判者的性格特质形成概念。男性和高效谈判者都被认为是自信、坚强、强势且理性，而女性和低效谈判者则被认为是包容、软弱、顺从与情绪化。②

负面刻板印象所产生的威胁给目标人群带来了额外的心理压力，这会消耗他们的部分认知资源，从而影响他们在任务中的表现（这导致了刻板印象被进一步加深）。在两种条件下，偏见威胁的程度会被视为很高：一是刻板印象活跃于人们的头脑中，二是任务本身就可被用于判定刻板印象。

激活一些传统的性别刻板印象（比如女人比男人更好说话，男人比女人能力更强）也会降低女性在谈判中展现出坚定形象的意愿，并且使她们认为，与谈判对象相比，自己在互动中更处于下风。

这节的最后一个要点是关于权利。有一些研究者指出，性别差异有可能是权利差异导致的假象。由于在大多数情况下，女性在社会中掌握的权利较少，所处的地位较低，而这两者正是影响

---

① 鲍尔斯、巴布科克、麦克金：《制约与触发因素：谈判中的性别情境机制》，《个性与社会心理学杂志》，2005年，第89期。

② 劳拉·克雷、利·汤普森：《性别定型观念和谈判绩效：理论和研究的考察》，《组织行为研究》，2005年，第26期。

谈判者行为的决定性因素。所有表面的性别差异实际上只是现有的等级制度的结果。当女性在谈判中掌握权利时，她们的表现要优于男性。①

① 卡罗尔·沃森、里查德·霍夫曼:《管理者作为谈判者：将权利与性别作为情感，行为和成果的预测指标进行测试》,《领导力季刊》，1996年，第7期。
塞西莉亚·里奇韦、雪莱·科雷尔:《展开性别体系：关于性别信仰和社会关系的理论观点》,《性别与社会》，2004年，第18期。

生物激素与社会文化对性别差异的影响

由于我是一名社会心理学家，所以我个人更倾向于从情景因素出发去解释各类效应。但除了情景与背景因素之外，其他因素也起到了作用。就像心理学中经常发生的那样，确实有可能，甚至有很大概率，多种因素的协同作用，促使了同一个结果的产生。

关于男女在谈判中的行为差异的解释，我们在生物学中发现了生物激素，尤其是睾丸素的影响。尽管它是一种两性皆有的激素，但男性分泌得更多。对于啮齿动物来说，这种类固醇激素可能会增加侵略性行为。这一发现使人们相信，人类血液中睾丸素水平的提高与侵略性行为的增加有关。

但是，也存在着另一种解释。有相关研究[①]显示，比起侵略性，睾丸素更会刺激人们去寻求社会地位。只有在人们利用侵略性去获取更高的社会地位时，睾丸素和侵略性才是正相关的。

研究者通过实验，在女性施用睾丸素或安慰剂。随后，这些女性被设定为“最后通牒”游戏的决策者。

需要注意的是，在这个游戏中，决策者提出的建议越少，她

---

① 艾森格、纳夫、斯诺兹、海因里希斯、费尔：《关于睾丸激素对人类讨价还价行为的影响的偏见与揭示》，《本质》，2010年，第463期。

的侵略性就被认定为越高；而决策者提出的建议越多，越反映出这是一种公平行事、减少冲突并有助于良性社会互动的行为。

和普遍认为的睾丸素会增强攻击性的观点相悖，与被施用安慰剂的女性相比，受睾丸素作用的女性反而为谈判对手提供了更公平的金额分配。

更令人感到惊讶的是，实验同时研究了人们如何看待睾丸素对于行为的影响。研究者告诉一半的女性，已为她们施用了睾丸素；而另一半女性则被告知为她们施用的是安慰剂。不管这些女性是否真的被施用了睾丸素，与那些认为自己只被施用了安慰剂的女性相比，认定自己受到这种激素影响的女性会表现出更具攻击性的行为，也导致了更多的分配不均。

我认为这项研究意义深远。它不仅向我们表明睾丸素可以与友善的社交行为并存（这颠覆了我们对该主题的认知），而且再次突显了我们的预期和信念可能会改变我们的行为，甚至超越生物学变量的影响。

除生物学角度之外，还有学者提出将性别差异与人的发育过程联系起来。他们认为，男孩和女孩从小就接受了不同的教育，学习与自己生理性别相符合的行为[①]。

在几千年前，男人就负责狩猎和提供食物，而女人的任务则是维护家庭与抚养后代。这种分工使男性逐渐培养出斗争精神，但也使他们常常需要与同伴进行协商。就女性而言，她们发展出了更八面玲珑和更慷慨的特质。

---

① 麦考比：《性别作为社会类别》，《发展心理学》，1988年，第24期。

这些祖先的角色一直延续到了今天，并通过教育灌输给了儿童。我们常会看到有小男孩儿被自己的父亲斥责，因为父亲在足球场的看台上观察了儿子的表现，认为儿子在踢球时缺乏侵略性。我们也常听到诸如“别像个女孩子一样”的训斥。这些小男孩便学会了坚强、不哭泣、勇于作斗争；而女孩则学会了优雅、善良、温柔。最终，我们许多人会内化这些性别差异，发展出相应的性别能力，顺从性别角色，并且对那些从态度上或行为上挑战这一既定体系的人们表达不满。

如同许多其他社会类别一样，性别类别（男性和女性）也因为它的所属者身上所拥有的共性而形成一些文化共识。这些“共识”会随着社会判断的两大基准而改变。具体来说，当对目标人物进行判断与评估时，我们会立足于两大方面。一方面，我们评估目标人物的能力和自信程度；另一方面，我们判断他的社交能力以及对他人的关切程度①。

最后，在超越个人和文化共识之外，是我们所处的整个制度与组织体系推动了性别差异与歧视的建立。我们提到过，与男性相比，女性总是担任着更低的职位，这些权利效应会对人们的行为产生影响。或许更严重的是，“胜任”“成功”或“失败”这些概念本身就对女性非常不利②。

---

① 苏珊·菲斯克、艾米·库迪、格里克·彼得、徐俊:《刻板印象内容的模型：能力和热情分别来自感知的状态和竞争》,《人格与社会心理学杂志》，2002年，第82期。

② 库伯:《对女人来说太糟糕了吗？还是一定要这样吗？过去25年里的性别和谈判研究》,《谈判杂志》，2009年，10月期。

去谈判吧！拒绝逆来顺受

我们从生物学角度、社会化角度、文化观念的层面，以及更广泛的性别发展的制度与组织背景方面，回顾了一些关于性别差异的理论。从生物学角度进行干预似乎不太可能，且不太合适。然而，我们还是可以从其他方面进行探讨。

我想讨论的第一项内容与情境变化有关。我们已经看到，在权利平等的情况下，女性在谈判中成功取得了与男性相同的结果。在规定职位相同的情况下，男性和女性之间的差异并没有那么突出。

尽管近几十年来，女性地位已经有了明显的提升，但在企业中担任高级职位的男女人数仍然存在巨大差距。只要处于金字塔尖的领域没有实现一定的性别平等，性别问题就会一直延续下去。性别平等至关重要，担任公司高级职位的女性越多，管理层的行为模式就会越多样化，会同时包含女性和男性特征①。

如果将谈判能力与女性特质联系起来，又会发生什么呢？

---

① 库伯、麦克金：《从性别和谈判到性别谈判》，《谈判与冲突管理研究》，2009年，第2期。

有一项研究[①]试图解答上述问题。研究者们向参与者介绍了一种“处理过”（也就是“修改过”）的概念，在此概念中，所有的女性特质都被归于谈判才能之内。谈判成功的标志被描述成“有表达自己的想法的能力、倾听谈判对象并且产生共情”（这些特征在预先测试中被认为是有关女性的刻板印象）。

研究结果表明，女性在这种情景下的表现明显更好，这是由于她们对谈判抱有更正向的预期和更高的期望值。因此，改变观念，将“自信”或“强势”以外的能力作为有效谈判的标志，是减少性别差异的一种代价较小的方式。

最后，我要强调的是，到目前为止，我们都是无差别地谈论男女性，没有进一步考虑男女性本身还可能存在更细微的区别。毋庸置疑，所有的女性与女性、男性与男性也都不一样。在女性群体中，我们尤其将女企业家与家庭主妇、老年女性与年轻女性区分开。

---

① 劳拉·克雷、亚当·加林斯基、雷·汤普森:《扭转谈判中的性别差距:重塑刻板印象的探索》,《组织行为与人为决策过程》，2002年，第87期。

性别情境练习

本节主要是为女性设置的，但也适用于那些在谈判中处于弱势的社会群体。也许有一天，我们也会成为这类群体中的一员，也有可能像“女性”一样行事。

个体差异

如果您是女性，去谈判吧！不要只是逆来顺受。不努力的人是不会有收获的。

确定目标和期待值时不要太保守。请记住，目标与期待值越高，您做得就会越好。

在合适的时候，比男性同事展现更强的合作倾向，能为您带来一些好处。但是要注意，在对立型谈判中，当双方的利益相互矛盾时，过多的合作可能会对您不利。

差别对待

对自己产生女性的刻板印象会影响谈判对象对您的预期，也会影响对方的谈判行为。不论对手是男是女，都是如此。

如果不能改变谈判对象对您的预期，您需要知道的是，对方给您开出的条件必然不如他向一位男性开出的条件。意识到这一差异后，可以通过两种方式维护自身利益。首先，您要仔细考虑这些条件，并且避免让谈判仅止于此。您准备得越好，可以争取到的也越多；其次，您要设法避免主动迎合他人对您的预期，您不必以符合对方期望的方式行事！

但是您要小心。人们会消极应对那些行为与自己期待不一致的人。虽然您无须让自己的行为符合人们对女性的刻板印象（例如，温和与谦让），但也不用太过刻意让自己的行为与男性的刻板印象一致（例如，坚决且强势）。简而言之，做您自己，尝试摆脱所有刻板印象。

一个小小的有利之处：如果您是为了他人而不是自己谈判，即便您没有表现出与女性刻板印象一致的行为，您的谈判对象也会对此较为宽容。也许这是个有用的小窍门：如果您因形势所迫而必须提出诉求，则最好表明您表现出的坚决全部旨在为他人谋福利。

背景差异

根据具体情况采取相应的行动是减少性别差异的好方法。

在进行虚拟谈判时，会比面对面谈判获益更多，因为您面对刻板印象的压力会更小。

研究还表明，如果您身居要职，您将获得与谈判对象相同的，甚至更大的利益。

解释差异

与其让自己相信性别差异是生理区别，不如关注与性别相关的社会与文化层面的因素。男性与女性的行为模式之所以有所不同，是因为在童年时期人们对他们灌输的教育不同，还因为他们适应了社会传递的刻板印象，或者更简单地说，是因为他们的社会地位不同。懂得了这些，就会懂得没有什么是不可避免的，我们可以对抗这种差异。

克服差异

一些可以缩小性别差异的方法：

· 改变情境：平衡谈判双方的权利；将讨论作为“提要求的机会”而不是“谈判”。

· 改变观念：将谈判能力定义为与男性和女性特征均息息相关；重新定义谈判中的成功；认识到认真倾听、善于合作、良好的社交能力与自信、好斗的性格同样重要。

· 改变自我认识：增强对效率的认识，并建立良好的心态。

· 改变社会类别：刻板印象会根据人们所属的社会类别而变化，一些特定类别中的女性与人们对女性的刻板印象关联较低。

第 9 章

找个谈判高手——代理谈判

不论是团体还是个人，都常常委托代理进行谈判，而不是亲自上场。这类指定中间人来代表自己的中间人，我们把他们称作“代理人”。

首先，我们研究了促使委托人选择代理谈判的原因。

其次，我们研究了代理人被委托的过程。这个过程是复杂的，包含一系列谈判过程中不存在的步骤。在这些步骤中，我们讨论了代理人的选定、委托人与代理人之间的协议、谈判权限的授予，以及完成谈判后，代理人向委托人汇报谈判结果、委托人对代理人的评估。

我们讨论了代理人在谈判过程中将面对的情况，并了解了他的身份角色是如何影响谈判中各方的心理状态与行为。从这个角度来看，我们将会重点关注“责任”，也就是代理人需要为谈判后果负责。

代理谈判有更多的沟通桥梁和独立利益

个人与团体在谈判中会自行解决分歧。然而有时候，存在分歧的双方也会派出代表来进行讨论。代表（更常被称为代理人）就是那些谈判桌上代表各方（团体或个人）利益的人。而指定这些代表的人，就被称为委托人。

代理谈判与其他类型的谈判存在着许多方面的差异。首先，代理谈判的过程有一些特殊步骤。比如委托人需要决定什么时候启用代表，以及谁是最佳人选。在代理人开展工作之前，双方还必须经过一个制定协议与传递信息的阶段。代理人必须向委托人汇报谈判达成的协议，来确保协议可被接受。

其次，代理人为委托人办事，并且替他们作决策，委托人的命运很大程度掌握在代理人手上，如此一来，代理人必须面对一些特殊的需求，而这些需求与那些人际交涉或群体间谈判中的需求都不相同[①]。“代理人”这一身份也给了谈判者更多额外的限制，使得他的精神状态与具体行为都有别于那些为自己谈判的人。

---

① 克里斯托弗·林德斯·佛默、安东尼·克拉普维克、戴维·德·克雷默、保罗·范·兰格。《一劳永逸：代表团体的事情可能对我们造成影响》，《实验社会心理学杂志》，2012年，第48期。

此外，人际交涉只是在有利益分歧的双方之间架起一座沟通的桥梁，而最简单的代理谈判至少由四人组成（两边各有一位委托人和一位代理人），如此一来，就存在六座潜在的沟通桥梁（见图15）以及四种彼此不同且独立的利益[①]。因此，我们也更容易理解为什么代理谈判被认为是特别复杂的。

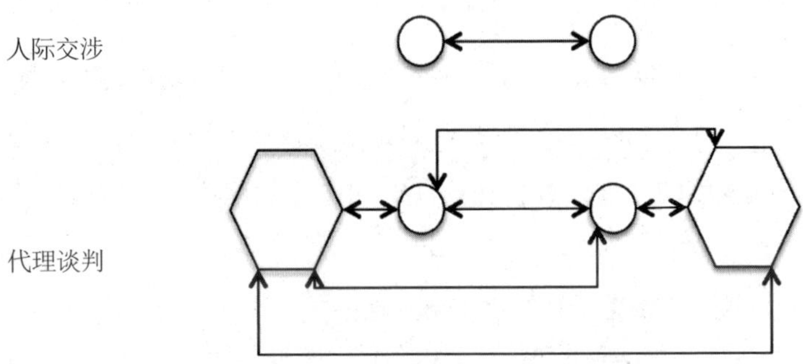

图15　人际交涉与代理谈判中的沟通线路

① 法西纳：《直接谈判和代理谈判：委托-代理是权利的连续体》，在国际冲突管理协会第十五届年会上发表的论文，2002年。

何时需要代理人

什么时候适合开展代理谈判？而什么时候又最该避免它呢？

让我们先以辩证的观点[①]讨论一下代理谈判。让我们设想一些不同程度的代理谈判，在这些谈判中，代理人的参与程度游走于“完全参与”和“完全未参与”两个极端之间。

在“完全未参与”这个极端情况下，主要利益方认为外部代理人的参与是没有必要且不适合的。所以他们决定不求助于代理的形式，而是自行开展谈判（人际交涉或群体间谈判）。

而在“完全参与”这个极端情况下，主要利益方出于对不同因素的考量，认为通过代理人进行的谈判是更有效且更有利可图的，因此他们将权利完全授予代理人，让代理人主导谈判从开始到协议落定的全过程。

在这两个极端之间，代理人参与谈判的程度都有所不同，从极低（仅仅求助于代理人的专业知识，来协商合同中几项特定条款；在其他的阶段不需要代理人参与）到极高（要求代理人参与准备工

---

① 法西纳：《直接和代表性谈判：委托代理机构的连续体》，在国际冲突管理协会第十五届年会上发表的论文，2002年。

作，并且负责大部分合约的谈判，同时保留自己把关最终条款的机会）。

现在我先集中总结与第一个问题——何时选择通过代理人进行谈判——息息相关的因素。

代理谈判可能同时涉及群体间谈判和人际交涉。在人际交涉中，人们对启用代理人这件事非常谨慎。而事实上，当不同的团体间需要谈判时，要求谈判团体中每位成员均出席谈判是十分困难，甚至是不可能的。所有的大型团体都面对这样的问题，例如，国家之间需要通过外交手段来缓和冲突，又或者公司工人需要与管理层协商工作条件。简而言之，由于群体规模的限制，团体之间的谈判几乎都以代理谈判的方式进行。

当团体缺乏专业知识时，他们会求助于代理人。主要有三种类型的专业能力：掌握与主题相关的知识（主题类专家）；掌握谈判流程的知识（流程类专家）；掌握人脉（关系类专家）。

西方社会的分工形式和知识的专业化使得主题类专家经常被聘用于谈判之中[①]。为了解决法律冲突，您需要聘请律师；为了把房子卖掉，您需要咨询房产经纪人。当人们不具备谈判所需的必要信息，并且获得这些信息需要花费大量时间和金钱时，他们就会求助于主题类专家。

当我们缺乏的专业知识是有关谈判流程本身时，我们就会求助于流程类专家。流程类专家对谈判流程有深刻的理解和掌握。他们

---

① 沙尔曼：《专业代理：代理交流中的知识不对等》，《管理学院评论》，1997年，第22期。

了解谈判中的步骤，并且能够规避陷阱。求助于流程类专家的前提是谈判各方认识到自己对于该领域的能力不足[①]。

关系类专家并没有特别的知识，但是他们有很广的人脉。拥有良好的人脉通常是谈判中的关键因素。一是它有利于促成谈判的和谐氛围；二是人脉通常是重要信息的来源，会引导决策的制定。

当利益冲突或利益分歧带来太多负面情绪时，求助代理人从中调和也是十分明智的。情绪的泛滥，尤其是消极情绪的泛滥往往会使谈判者丧失部分理智，使他们采取在心平气和状态下不会采取的行动。

但在饱含负面情绪的激烈冲突中，代理人的介入并不一定会促成和解并重建和谐。当其中一方感觉受到了对方的侵犯，在达成和解之前，他必然会向对方宣称要其为自身行为承担责任，而代理人是无法承担这些责任与控诉的[②]。

除了以上三种主要因素（团体规模、专业知识、情绪），还有一些次要因素也会影响谈判方是否选择与代理人合作。

一是时间。聘请代理人进行谈判需要给他熟悉文件材料的时间。如果是一项长期谈判，或者是一项随着时间推移不断跟进的谈判项目，委托熟悉文件材料的代理人可以节约谈判双方的宝贵时间。

---

① 罗伊·莱维克、桑德斯、巴里：《谈判》，美国麦格劳-希尔出版公司，2006年。

② 施纳贝尔、纳德勒：《一个基于需求的和解模型：满足受害者和犯罪者不同的情感需求，这是促进和解的关键》，《人格与社会心理学杂志》，2008年，第94期。

二是名声。如果您本人的风评与谈判的目标不符，比如人们对您的印象是彬彬有礼，而您却需要在谈判中展现强势，或者反过来，那么人们就会对您处理矛盾的能力产生不信任，而这种处理矛盾的能力恰恰是建立信任感的过程中不可或缺的。

三是与另一方的关系。当您与您的谈判对象都将双方的关系视为很重要时，将谈判委托给第三方也许会带来不好的感觉，损害彼此之间的信任。

选择谁做代理人

在众多代理候选人中，应该选择哪一位？

人际交涉中的选择

在人际交涉中，“选择谁做代理人？”这一问题在很大程度上与“什么时候选择代理人？”相似。

如果促使我聘请代理人的主要原因是缺乏对谈判主题和流程的专业知识，那么我将选择一位在这两方面专业能力最强的人。

另一个显而易见的事实是，人们喜欢寻找有能力的人代表自己，不论这种能力是根据谈判主题、流程还是人脉来评估的。但能力也不是唯一的标准。其他方面的一些特征，例如社交能力、道德或个人魅力也会有所影响。

最后，根据相似性吸引假设，社会偏好的首要决定因素之一就是相似性。人们会偏爱那些与自己相似的人[①]。

---

① 拜恩：《吸引力法则的研究与理论之概述（及综述）》，《社会与人际关系杂志》，1997年，第14期。

房主在出售房屋时，选择房地产中介公司或房产经纪人的标准是什么？影响选择的首要因素与人际关系有关：相比不认识的人，人们更倾向于选择自己认识的人。其次他们考虑的才是代理人的技能、市场知识、诚信程度以及其理解客户利益的能力[①]。

群体谈判中的选择

群体谈判中的“选择谁”与人际交涉中的“选择谁”有很大的不同。上文提到的决定因素（谈判能力、社交能力、道德感、个人魅力、相似性）在两种情景下都起着相似的作用，但群体谈判却比人际交涉更复杂。

在群体谈判中，群体成员必须在选出内部代表和委托外部人士之间做出选择。这一决策并非无关痛痒，因为群体内成员必须面对的压力和要求与外部人员必须面对的实属不同。例如，与外部代表相比，群体内部代表在谈判中遭遇的困难更大[②]。他们谈判的时间也更长，并且容易陷入困境。这种困境源于他们对委托人有更高的责任感，并且尽力与群体坚守的立场保持统一。

但是，通常情况下，群体需要内部人士来代表他们。也许是因为人们认为内部人士的利益更接近于群体的利益（我将在后面讨论这种想法的真实性）。只要是从内部选择代表，群体内的成员在做出决策时就会有额外的考量标准，如代表候选人在群体内的职位，

---

① 乔伊斯·约翰逊、休·诺斯、艾伦·戴：《与选择房地产中介或代理商有关的因素》，《房地产研究杂志》，1988年，第3期。

② 艾姆斯·布劳、理查德·克里莫斯基：《在群体内部人士与外部人士中选择团体代理人》，《组织行为与人类决策过程》，1977年，第19期。

也就是所谓的群体内身份。

在一个群体中，每一位成员的职位都不完全相同。评估个体的标准是他们是否符合团体的规范，即是否符合该群体的整体形象[①]。大多数人都符合这个规范，小部分人则有所偏离。图16左侧的曲线就体现了这一现象。

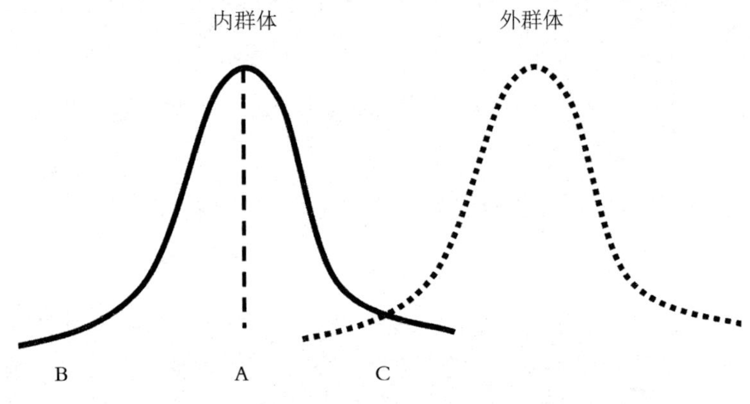

图16　通过高斯曲线表达的群体内部情况

图16中的高斯曲线代表了群体中的所有个体。曲线的中心代表了该群体的规范或标准，大多数个体都聚集于此。而曲线的末端被偏离规范的个人所占据，自然人数也就较少。群体内部的规范与标

① 特纳、霍格、奥克斯、赖克、韦瑟瑞尔：《重新发现社会群体：一种个体归类理论》，美国罗勒·布莱克威尔出版公司，1987年。

准都是视群体内部环境以及比较对象的情况而定的[①]。

在图16中，A代表标准类型的成员，B代表对内群体归属感更高的成员，C则代表倾向外群体的成员。右边的曲线代表我们用来与内群体比较的外群体。如果比较群体就是我们的谈判对象，那么就会有三种不同类型的谈判代表供我们选择。

我们可以选择一位标准型代表（图中的A组成员）。一位标准的符合内群体规范，且拥有内群体的全部特征的代表。所谓“标准”，就是这位成员可以作为代表内群体的典型。

我们同样也可以选择一位特殊型代表（图中的B组和C组成员）。图中有两种类型的“特殊”。有“内群体偏好”的个体（图中的B组成员），他们在图中的位置与另一组特殊成员相对称。而内群体的特征以近乎极端的方式展现在这群人身上，同时他们也与外群体的成员有很明显的区别。

与之相反的是“外群体偏好”的个体（图中的C组成员），他们同样偏离内群体的标准特征，但是表现出了对外群体的偏好。尽管是内群体的一员，但是他们的想法、特征与行为与外群体相似。

比起特殊成员，一个群体中最典型的成员得到的评价更加正向，他们也拥有更强的影响力和感召力。[②] 这也是为什么一个群体中

---

① 特纳、霍格、奥克斯、赖克、韦瑟瑞尔:《重新发现社会群体：一种自我归类理论》，美国罗勒·布莱克威尔出版公司，1987年。

② 霍格:《领导力的社会认同理论》,《人格与社会心理学评论》，2001年，第5期。

具有领导性的职位总是由这类标准成员所担任。[①]

但选定领导人与挑选代表并不完全是一码事，最近的研究指出，出于各种战略性考量，比起领导人的推选，谈判代表的选定具有更多可能性。这些战略性考量会使人们倾向于选择一位特殊的成员来代表群体，而在此过程中，他们更愿意选择一位外群体偏好者（也就是与外群体特征相近的人）[②]。

还有一些因素可能会影响到群体谈判中人们对于谈判代表的选择倾向，也就是选择标准成员还是外群体偏好者。

第一个因素是人们追求的谈判目标类型。在一种情况下，谈判是功能性的（其目的是最大程度地提高群体利益）；在另一种情况下，参与者的注意力更多地集中在身份问题上（谈判目的是提高群体认同感）。

比起标准成员，在功能性谈判中，人们更倾向于选择外群体偏好型作为谈判代表。这是因为谈判的策略是要试图说服对方，所以派出一位对对方群体有所偏好型代表会更容易达到说服对方的目的。由于谈判本身被默认为是功能性，因此此类群体间谈判会使人们倾向于选择与对方群体较接近的成员。

第二个因素是对群体的认同和归属感。如果引发谈判的原因是有关于对群体的认同与归属感，则人们对标准型代表的选择倾向就

---

① 达恩·凡·尼彭伯格、霍格：《组织领导力有效性的社会认同模型》，《组织行为研究：年度系列分析性论文和批评性评论》，英国爱思唯尔出版公司，2003年。

② 德莫林、伊泽比：《选择最好的方法来达到目的：团体目标对团体间谈判中代表选择的影响》，《实验社会心理学杂志》，2011年，第47期。

会不断增加，直到它与选择外群体偏好型的倾向相持平。

派遣一位外群体偏好型代表前去谈判，以便拉近与谈判对象的关系。这一举动不仅是试图说服对方的策略，更是出于与对方达成合作的真诚意愿。

当群体间局势被看好时，人们会更致力于靠近而不是疏远他们的谈判对象。这种对局势的积极态度尤其源自双方之间的良好关系。我们在组织背景中验证了这一假设。

在企业中，决定雇主与雇员之间能否拥有良好关系的重要因素是后者能否感受到公司的关怀与支持，即员工能感受到公司重视自己的付出，并且关心自己的福利[①]。来自公司的关怀程度越高，员工会能为公司的发展贡献力量。在这种逻辑关系中，员工越能感受到来自公司上层的支持，他们就越可能在有关薪资与工作时间的谈判中，派出与管理团队关系更近的代表。

选择谈判代表的第三个心理层面的决定因素与选择人在其团体中所处的位置有关。我们已经谈到过“相似性吸引”的现象[②]。这一观点表明，群体中的标准成员或特殊成员都喜欢选择自己的同类，因为他们与自己是相似的。如果选举以匿名的形式展开，结果就是：每一个人都会支持与自己最相似的人。但倘若选举是公开进行的，那事情又会变得复杂。

群体中的特殊成员通常对身份认同一事缺乏安全感，他们的

---

① 艾森伯格、斯廷汉伯：《可以感觉到的组织支持：培养热情而富有成效的员工》，美国美国心理学会书籍，2011年。

② 拜恩：《吸引力法则的研究与理论之概述（及综述）》，《社会与人际关系杂志》，1997年，第14期。

自尊心也较脆弱[1]。这种不安全感会促使他们采取一些策略，以改善他们在群体内的处境。因此他们会坚持选择一位特殊成员作为谈判代表。而在这种情况下，群体内的成员也会意识到这将有损于群体形象。这就是为什么当投票是公开进行的时候，特殊型成员会放弃选择自己的同类作为代表，转而公开支持一位更符合群体特征的代表[2]。

同时，我们还需要注意，谈判代表的类型以及人们选择他的动机会直接影响他在谈判桌上的表现。

---

① 乔兰达·杰滕、尼拉·布朗斯科姆、罗素·斯皮尔斯:《处于外围状态：不安全感对个人和集体自尊的影响》,《欧洲社会心理学杂志》，2002年，第32期。

② 特谢拉、德莫林、伊泽比:《谨慎对待：将小组成员的典型性评估作为小组方法的一种策略》,《欧洲社会心理学杂志》，2013年，第43期。

制定代理协议也是一场谈判

委托人与代理人之间的协议阶段本身就是一场谈判。委托人与代理人必须携手合作，以确保谈判能带来令所有人都满意的结果。委托人与代理人对要做的事情、目标和底线，不一定持有相同的意见。这个阶段主要由三大部分构成：传递信息、协调利益、授予权利。

信息的传递

一位优秀的谈判者应该对所有的信息都了如指掌。在代理谈判中，谈判前的准备工作更加重要。该阶段的首要任务是与代理人共同商议，以确保代理人知晓我们的意图与优先事项。

在没有任何讨论的情况下，代理人不能明白您谈判的真正原因，有时只是他自认为已经了解了。这种代理人误以为自己已经懂得委托人意图的现象源于投射效应（参见第5章）。这种投射效应是指人会将自身的性格特点、动机与期待投射到他人身上。一位被经济利益所激励的代理人会认为，这也是其委托人所追求的谈判目标，又或者，他会认为委托人会更愿意将资产转移给一个与其相似的人，或者是将来会照顾他们的人。

当代理人认为委托人与自己属于同一个群体时，投射效应会尤其明显。事实上，我们常将自己的想法投射到与我们相似的人身上，而不是那些与我们不同的人身上。[①]同样地，委托人也会将自己的期待投射到代理人身上，并且可能没有意识到代理人尚未了解他们的利益所在。因此，最保险的方式就是向代理人传递尽可能多的信息。

向代理人传递信息时，我们常常犯两个错误。第一，向代理人传达的信息超过其任务所需；第二，向代理人传达的信息过少，无法保证其创造性[②]。在信息传递的过程中，我们尤其需要注意对谈判意图（我真正想要实现的东西）以及优先事项（在谈判涉及的若干方面中，我认为最重要的是什么）的传达。这些具体信息可能会促使代理人开动脑筋，寻求具有创造性的替代解决方案[③]。

有研究[④]发现，当谈判的其中一方将最低心理预期透露给代理人时，锚定效应就会产生，谈判的结果会更偏向这个最低预期。具

---

① 克莱门特、克鲁格：《社会类别削弱社会投射》，《实验社会心理学杂志》，2002年，第38期。

② 巴泽曼：《给代理人的合理授权》，收录于姆诺金、萨斯坎德（出版）的《代表他人进行谈判：给律师、商业主管、体育经纪人、外交官、政客及其他所有人的建议》，美国世哲出版公司，1999年。

③ 费舍尔、戴维斯：《代理商的权威：什么时候更好？》，《代表他人进行谈判：给律师、企业高管、体育经纪人、外交官、政界人士及其他所有人的建议》，美国世哲出版公司，1999年。

④ 布朗特·怀特、尼尔、巴泽曼：《代理作为信息中介人：信息披露对协商结果的影响》，《组织行为和人类决策过程》，1992年，第51期。

体来说，当卖家透露了自己的最低心理预期，商品售价就会特别低，接近卖方可接受的最低出售价格。相反，当买方的最低心理预期被透露时，售价则会特别高，接近买方愿意为购买该商品所支付的最高价格。

透露最低心理预期对买方总是不利的，但对于卖方来说则取决于具体情况。就像我刚刚提到的，如果代理人不知道买方可支付的最高价格，那卖方最好也不要透露自己可接受的最低价格。然而，当代理人同时知道双方的最低心理预期时，他就会试图协调双方的利益，这对卖方来说又是有利的。

在大部分的代理谈判中，双方都会派出自己的谈判代理人。在这样的情况下，代理人通常都不会得知对方的最低心理预期。因此，委托人尽量不要将最低心理预期透露给代理人，避免产生锚定效应，从而保护自己的权益[①]。

但不向代理人透露自己的最低心理预期，也并不是全无后果。隐瞒最低心理预期会降低代理人对谈判的把握，他们不仅不清楚委托方可接受的最低条件，也同样不确定自己会获得多少报酬。这种无把握尤其会影响风险规避型的代理人，促使他们在谈判过程中提出更高的要求。他们本人也会变得更加强硬，不愿妥协。而这种不妥协会令谈判陷入僵局[②]。

---

① 巴泽曼：《给代理人的合理授权》，收录于姆诺金、萨斯坎德（出版）的《代表他人进行谈判：给律师、商业主管、体育经纪人、外交官、政客及其他所有人的建议》，美国世哲出版公司，1999年。

② 戴维·拉克斯、詹姆斯·赛本纽斯：《通过代理进行谈判》，《解决冲突杂志》，1991年，第35期。

简而言之，应该将尽可能多的有利于制定解决方案的信息传递给代理人。透露最低的心理预期可能会带来问题，因为它会导致不利于委托人的锚定效应的产生。但完全缺乏相关信息也会使代理人产生不确定性的心理，不利于谈判的进行，导致产生更多僵局。

一个折中的方式是，随着时间的推移逐步传递信息，更确切地说，是随着委托人及其代理人之间的信任程度逐渐提升[①]。如此一来，是否透露最低心理预期就不再是主要问题，而是思考何时将这一信息传递给代理人。

利益的协调

如果说，默认代理人了解我们的意图与偏好是错误的，那么料定他们会与我们保持统一战线就是一个更加严重的错误。

比如，许多人认定房产经纪人是按照房屋售价获取分成的，因此房产经纪人的利益必然与委托人（即卖方）的利益一致。尽管这在一定程度上是对的，但房屋售价并不一定是房产经纪人唯一追求的利益来源，也不一定是他们的主要利益来源。

通过一项简单的报酬率计算，我们便可以得知，如果以最高价格出售房产的代价是必须推迟交易（即必须花时间找到一位满意度极高、愿意支付最高价格的买家），则没有房产经纪人会愿意一直等待，他们也同样不会愿意接待更多访客，或花时间与潜在买家进

---

① 巴泽曼：《给代理人的合理授权》，收录于姆诺金、萨斯坎德（出版）的《代表他人进行谈判：给律师、商业主管、体育经纪人、外交官、政客及其他所有人的建议》，美国世哲出版公司，1999年。

行价格谈判。常言道，时间就是金钱。我们必须小心那些总是吹嘘自己短期业绩的房产经纪人——那些卖得飞快的房产，往往价格都被压低了。

当委托人与代理人的利益并不完全一致时，所谓“委托-代理问题”就会浮现出来。

当委托人与代理人的利益出现分歧时，委托人所承受的风险便是代理人有可能会投机取巧，为满足自身的利益而损害委托人的权益，这是代理理论提出的假设①。根据该理论，代理人会首先设法满足自己的利益需求。倘若他们的需求恰好与委托人一致，那便没有什么问题。如果这两者并不一致，那么委托人就必须制定代理人的管理策略，以防造成损失。

但人类不总是理性的。与我们所提的代理理论相反的是，人们之所以总是准备好为了他人的利益而牺牲自己的利益，最主要的原因是他们认同公平互惠的现行准则②。

为了避免或减少代理人的投机行为，委托人通常会采取两种策略：奖金激励和控制。

奖金（或其他激励措施）的作用是使代理人的利益与委托人更加一致。总的来说，奖金相当于代理人的薪酬。他们通常具有经济性质，但不仅限于此。就像所有的人类一样，代理人同样期待获得具有象征意义的奖励，比如感谢或称赞。

---

① 艾森哈特:《代理理论：评估和审查》,《管理学院评论》，1989年，第14期。

② 卡梅勒、菲尔:《“经济人”什么时候会在社会行为中起到主导地位？》,《科学》，2006年，第311期。

关于具体的或金钱上的奖励，通常会有两种模式。委托人可以与代理人签订两种合约[1]。在第一种合约中，代理人的薪酬取决于他所采取的行动。代理人凭借劳动获取报酬，不论他取得的成果是好是坏，薪酬都一直保持不变。第二种合约的薪酬则视结果而定。这就是我们上面提到的房产经纪人的情况，他们的薪酬依照房屋售价的固定比例分配。

与行动挂钩或与绩效挂钩，与代理人签订哪一种合约会有更有利？这个问题取决于委托人控制代理人的能力[2]。在理想情况下，委托人不仅有观察代理人行为的能力，也具有评估这些行为质量的能力。在这种情况下，与行动挂钩的合约比与绩效挂钩的合约更加合适。

委托人对代理人的评估是基于其在整个谈判过程中的表现，而不是单纯根据签订的合约。所以，委托人适时干预，并且增加信息交换的数量与频率，有利于获得更高质量的谈判结果。此外，与行为挂钩的合约还可以促使代理人做出有理有据的决策，从而减少不适当行为的发生。

当委托人的情况不够理想，比如他们不具备评估代理人行为的能力，或是他们无法直接观察代理人的行为，他们便更容易倾向于签订与绩效挂钩的合约。但与绩效挂钩的合约存在若干风险。

---

① 尼尔·法西纳：《限制委托人的选择：在具有代表性的谈判中，要视结果或行为而定的代理合同》，《谈判杂志》，2004年，第20期。

② 尼尔·法西纳：《限制委托人的选择：在具有代表性的谈判中，要视结果或行为而定的代理合同》，《谈判杂志》，2004年，第20期。

首先，它们会增加代理人做出投机行为的可能性；在提高个人收益这一唯一目的驱使下，代理人有可能会隐瞒或歪曲重要信息。当委托人与代理人掌握的信息不对称时，尤其会发生这种情况。

其次，与绩效挂钩的合同会让代理人承担更大的风险。仅仅根据最后的协议结果进行评估，使代理人必须对超出其控制范围的事件负责。因此，如果经济危机导致房地产市场崩盘，即使不能对市场的恶化负责，绩效合同会使代理人也将遭受巨大的收入损失。

最后，在最勉强可接受的结果之外，绩效合同会使代理人在最优协议与继续谈判的成本（尤其是时间）之间权衡。前文借房产经纪人的例子阐述过这种情况，有些房产经纪人会倾向于以较低的价格迅速出售房产，而不是为了最大化委托人的利益而持续停留在卖房环节。

在群体间的代理谈判中，代理人不仅可以追求群体的目标，还可以借谈判追求自己的目标。

我们在上一节中讨论过的特殊群体成员就是这种情况。不论是特殊成员还是标准成员，只有当群体利益有助于提升他们在群体中的地位时，他们才会代表群体的利益。

当代理人面对来自委托人的矛盾信息时，第二种有关群体间谈判利益的问题就会浮现。群体内的成员数目越多，委托人内部就更有可能出现分歧。不是所有人都有相同的目标，也不是所有人都会认同谈判的模式。

举例来说，如果委托人中有一些主张竞争，而另一些支持合作，将会发生些什么事呢？只要有少数委托人主张竞争，就足以促使代理人在谈判中展现竞争的行为。而只有当所有委托人都一致赞成合作时，代理人才会与谈判对象展开合作型谈判。研究人员也认为，赞成竞争的委托人之所以有更强的影响力，是因为代理人重视他们的意见胜过重视其他委托人的意见[①]。

如我们所见，代理谈判极其复杂。除了传统谈判中涉及的各种要素外，还涉及委托人与代理人之间的初期谈判（旨在协调两者间的利益）。并且，如有必要，还需在委托人群体中开展额外的谈判（这些委托人的利益不一定完全一致，因此必须进行内部协调）。

权利的授予

代理事项的准备阶段中至关重要的一环涉及委托的权限，即委托人为其代理人划定的行动范围[②]。

委托人可以授权（或不授权）他们的代理人做两件事：参与协议拟定（授权参与）并披露有关他们的信息（授权沟通）。大部分研究都着眼于参与授权，并且致力于了解最合适的授权范围。授予的权利太少或太多都不利于谈判的进行[③]。

过于限制授权是有害处的。

---

① 沃尔夫冈·斯坦内尔、卡斯滕·德德鲁、埃尔西·乌维汉、吉米娜·拉米雷斯·马林：《当选民说话多方言：鹰派少数民族的代表进行谈判的相对说服力》，《组织行为与人类决策过程》，2009年。

② 托伊士雷、格雷戈里：《代理法和合伙法的手册》，美国西部出版公司，1979年。

③ 费舍尔、戴维斯：《代理商的权威：什么时候更好？》，《代表他人进行谈判：给律师、企业高管、体育经纪人、外交官、政界人士及其他所有人的建议》，美国世哲出版公司，1999年。

其一，过于限制授权会影响创造性的发挥。权限较弱的代理人没有办法在此程度上另辟蹊径。如果委托人眼中代理人的地位足够高，那么代理人就会感受到更高程度的信任，并且认为谈判会更具灵活性。这种灵活性尤其使得他们可以为协议考虑尽可能多的替代方案[①]。与双方代理人权限都较为有限或只有一方掌握较大权限时相比，当双方代理人均掌握较大的权限时，谈判所花的时间更少。

其二，派遣无权代理人会损害谈判双方之间的关系。对方可能会感到在浪费时间，也有可能对无权代理人采取敷衍的态度。代理人会担心委托人是因为不信任而未赋予自己足够的权限，或认为委托人是将自己作为诱饵，借此转移对方的注意力。

其三，考虑到自己应该尊重委托人传达的指令，代理人有可能会因为缺乏权限而拒绝对委托人有利的潜在方案。

授予过多的权限也会带来风险。

委托人需要承担的最大风险是，即使协议只是最勉强可接受的程度，远远谈不上是最优方案，代理人还是会接受它。而接受此类协议的原因是，拥有极高权限的代理人缺乏积极参与谈判的动力。当代理人的专业能力不符合委托人的预期时，这种情况也会发生。

我曾在布鲁塞尔寻找公寓时，遇到了所谓“世纪交易”：120平方米的公寓价格低廉。该公寓的所有人将所有权限委托给他们的一个朋友（一位房产经纪人）来完成出售。问题是：尽管这位房产经纪人是其所在地区的售房专家，可他对布鲁塞尔地区当时的房价

---

① 康拉德·杰克逊、唐纳德·金：《代表在自己组织内的权利对谈判结果的影响》，《管理学院学报》，1983年，第26期。

一无所知。交易只花了几个小时便完成了。四个月后，当我与公寓所有人签公证书时，我想他们心中一定对我满怀敌意。

委托过多权限对代理人来说也可能很危险。这意味着代理人需要承担所有的批评。不论他做什么、说什么，都有可能遭到批评。更严重的是，如果他签订了一项不利于委托人的协议，后者可能会否决该协议，或者至少拒绝履行合约中的条款。

有一个方法可以解决所有这些问题，即随着时间的推移进行授权[①]。在谈判起始阶段，“代理人无权就任何实质性问题达成协议”。缺乏事先授权是让谈判富有建设性的保证，因为这会让人们去思索最有创意的解决方案。随着时间的推移，代理人和委托人获得的信息越来越多，以及他们之间的信任度越来越高，委托人再逐渐加大授权利度。最后，委托人需要向代理人说清楚自己期望他们争取到怎样的谈判结果，越具体越好。

---

① 费舍尔、戴维斯：《代理商的权威：什么时候更好？》，《代表他人进行谈判：给律师、企业高管、体育经纪人、外交官、政界人士及其他所有人的建议》，美国世哲出版公司，1999年。

代理人的心理与行为

当代理人为委托人谈判时，代理人的行为是否会与他为自己谈判时的行为一致？他会更具侵略性和竞争意识吗？又或者相反，他是否会更倾向于与对方合作，是否会特别富有创造力？

罗伯特・布莱克和简・莫顿在一项里程碑式的研究中提出，为他人谈判的代理人通常比那些为自己谈判的人更具竞争意识[①]。代理人的行为是出于对群体的忠诚，他们希望获得谈判的胜利，至少避免失败，即使这么做的代价是可能会在谈判中放弃一些能够解决群体间问题的想法。

总的来说，他们提出了两项促使代理人采取固执死板的谈判策略的变量：潜在义务（对群体的忠诚）以及外在压力（自己的名誉与金钱）。

然而，有研究者对这一传统说法提出了质疑[②]，认为如果将其

---

① 布莱克、莫顿：《团体间谈判中代理人对团体内职位的忠诚度》，《社会计量学》，1961年，第24期。
布莱克、莫顿：《对群体间竞争下的输赢局面的反应》，《管理科学》，1961年，第7期。
② 丹尼尔・德鲁克曼：《谈判中折衷行为的决定因素：多向分析》，《冲突解决方案杂志》，1994年，第38期。

他重要的变量（例如暂时遭受的压力、谈判双方初始立场的差距及谈判前累积的经验）纳入考量，代理人固执死板的行事风格就会弱化很多。并不是“代理人”这一身份促使了他们展现出竞争性行为，更多的是受其他背景因素或情境因素影响。

还有研究者[①]认为，对于代理人来说，委托人的介入并不一定会让他们采取绝对的竞争行为。基于有关助人行为的研究假设，这些研究者认为代理人对依赖他的委托人具有更高的道德责任感。这种责任感使代理人更倾向于采取可以将委托人利益最大化的策略。由于利益的最大化往往需要代理人展现坚定的立场与竞争意识，因此我们可以看到竞争行为愈演愈烈。然而，当通过合作策略获取利益时，代理人又将展现更多的合作行为。

上述研究者指出，比起为自身利益谈判的人，代理人会选择更多的合作策略，并且与对手实现更多的互惠合作，避免陷入互相竞争的局面，以此来取得更好的结果。

这些研究者的研究还包括一个复合情况，即谈判的双方只有一方是代理人身份，而另一方则是为自己谈判。令人惊讶的是，仅一方是代理人的身份就足以增加双方的协调合作并减少相互竞争的行为，从而优化各方取得的谈判成果。

担任代理人这一角色的谈判者比那些为自己谈判的个人更加灵活。不论是合作还是竞争，他们的选择都取决于到底如何做才能为委托人带来最大的利益。

---

① 迈克尔·恩兹勒、迈克尔·哈维、爱德华·怀特：《社群代表中隐性角色的义务与社会责任》，《人格与社会心理学杂志》，1992年，第62期。

代理人追求竞争性目标，当他们面对的谈判对象也同样是代理人时，会预估对方做出比普通谈判者更具竞争性的行为。当竞争更有利于增加相对收益时，竞争意识通过竞争行为本身流露出来，而当合作更有利于实现这一目标时，竞争意识也会从合作行为中流露出来①。

个人谈判者首先在意的是如何公平分配收益，而代理人首先考虑的是他们与委托人之间达成的共识。如果他们认为委托人想在比赛中获胜，他们便会做出很少的回应举动。然而，如果代理人认为委托人的目标是追求公平，他们就会倾向于回应信任，做出公平的分配②。

现在我们已经知道了在代理谈判中普遍存在的竞争心理与缺乏信任感。接下来的问题自然就是要明白为什么会存在这两种现象；为什么比起个人谈判者，代理人更容易将谈判视为竞技场；为什么代理人认为更应该在谈判时提防对手，并借此获取最大的相对利益。

---

① 克里斯托弗·林德斯·佛默、安东尼·克拉普维克、戴维·德·克雷默、保罗·范·兰格:《一劳永逸：代表团体可能对我们造成影响》,《实验社会心理学杂志》，2012年，第48页。

② 宋菲:《信任和互惠行为与行为预测：个人与团体代表》,《游戏与经济行为》，2008年，第62期。

通过明确预期与问责制管理代理人

代理人需要对委托人负责，后者的命运直接系于前者采取或未采取的行动。这种责任可以大大提升代理人在谈判中的期待值。除了追求自身的利益之外，代理人还为委托人争取利益，这也就给了他们双重谈判动机。因为代理人往往具有利他主义而非利己主义倾向，所以更加确定存在上述双重动机。

除了上述双重动机，委托人的期待（真实或推断，隐含或明确）也会对代理人产生极大的影响。

多项研究表明，人们喜欢以积极的眼光看待自己，并认为自己在道德层面上比他人更优秀，既不自私，又很慷慨。这不是他们把别人想得过于糟糕，而是他们错误地看待了自己，认为自己的慷慨程度超过平均水平[①]。

尽管代理人认为委托人比自己更不值得信任，也更自私，可是他们仍然会努力回应委托人的竞争期待。

上述大多数研究都是在西方社会背景下完成的，西方社会推崇

---

① 尼古拉斯·艾普利、邓宁·大卫:《感觉“比您要神圣”：自我服务评估是由自我或社会预测中的错误产生的吗？》,《人格与社会心理学杂志》，2000年，第79期。

的价值观是个人主义，即一个人应当与周围的人有所不同，且每个人都应确保实现其个人目标。在这种社会中，自治、竞争、自由、独立和成功的观念尤其受到重视。

有研究[①]指出，在这样的社会中，处理相互依存情况的现行标准是自信和对抗。相比之下，在集体主义社会中，个人更多的是通过与他人间的关系而被定义，人们更倾向于通过合作来实现集体利益。谈判者首先力求的是做出与价值观相符的行为。代理人（及其委托人）所认可的价值观会影响他们的谈判行为：他们越信奉个人主义，就会越热衷于竞争；他们越倾向于集体主义，就越会采用合作策略。

因此，当缺乏具体的指令时，代理人倾向于采用那些与委托人的期待相符的策略，也就是特定社会下现行价值观所塑造的那些期待。这些期待并不是不可改变的[②]。例如，当委托人明确表达了他们的合作意愿的时候。我们也同样看到，寻求社会归属感的个人比没有此类动机的个人更倾向于遵循社会规范。在这里，我们探讨了促使代表们按照社会标准行事的原因。

一是代表们力求通过谈判来获取或保持自身的正面形象。他们希望给委托人留下良好的印象，并且避免那些会损害他们自尊心的负面评价。在这种情况下，人们之所以更愿意采用竞争策略（在西

---

① 米歇尔·吉尔凡德、阿努·雷罗：《团体间谈判中的个人主义-集体主义和问责制》，《应用心理学杂志》，1999年，第84期。

② 斯坦内尔、凡·克利夫、凡·尼彭伯格、霍格、霍曼·莫菲特：《组内动态如何影响组间冲突中的行为：规范、原型和需要归属的作用》，《团队流程与团队关系》，2010年，第13期。

方社会中），是因为他们认为比起合作，竞争能带来更高的收益，同时也符合委托人的期待。

二是在大部分的代理谈判中，代理人被视作谈判的开展与结果的负责人，并且明里暗里被督促着承担责任。这是我们之前讨论过的利益协调过程中的一部分。

在谈判中，有许多因素都会使人们面对问责时感到压力倍增。

首先，委托人自身的专业能力决定了他能否确认其代理人足够负责。当委托人不具备谈判所需的专业知识时，那么主题类专家的代理人面临的压力就会变小。在此类情况下，委托人无法有效监督代理人并评估其表现。这会让委托人陷入不利的境地，因为代理人可能会借此采取不利于谈判结果或投机取巧的策略①。

其次，委托人与代理人签订的合约类型会影响代理人何时需要承担责任。如果签署的是与行为挂钩的合同，那么代理人必须在整个谈判过程中为自己的行为承担责任，而不仅仅是根据结果问责。②有研究表明，委托人对代理人在谈判过程中所作的决定加以控制，可以显著减少代理人的风险行为。③此外，当代理人所作的不利于谈判走向的决定被公开时，他更有可能会对自己的行为做出调整，降低风险升级的可能性。

当委托人对谈判的进展足够明了时，代理人的压力也会随之增

---

① 艾森哈特：《代理理论：评估和审查》，《管理学院评论》，1989年，第14期。

② 法西纳：《限制委托人的选择：在具有代表性的谈判中，要视结果或行为而定的代理合同》，《谈判杂志》，2004年，第20期。

③ 苏珊·基比、马克·戴维斯：《委托代理关系中不断升级的承诺的研究：监控和个人责任的影响》，《应用心理学杂志》，1998年，第83期。

加。并且，当代理人感到自己被监督或观察时，他们更容易选择采取标准行为。在西方社会中，这意味着谈判者行为的可见性会促使其采用竞争且激进的策略。被监视的代理人不易发挥创造性，会优先着眼于短期而非长期的目标，从而将谈判拆解为一个一个分散的步骤去执行，而不是一起着手处理①。当谈判没有受到第三方的监督（在此项研究中，第三方被设定为媒体），或第三方的监督能力有限时，代理人会更加灵活变通②。

谈判的公开程度（无论是对委托人还是旁观者）无疑是一个至关重要的问题。当谈判者想要坚定自己的立场时，他们尤其会向公众展示谈判过程③。相反地，如果一位谈判者希望保留自己在谈判中的灵活性与包容性，他们便更愿意独自寻求解决办法，自己管理谈判流程。

有研究者强调，只有当代理人面对面进行谈判时，承担责任的压力才会导致合作行为的减少与对立策略的增加。而当谈判通过虚拟的方式开展时，问责压力的影响就会变小，谈判者也会获得更好

---

① 库尔茨贝格、摩尔、瓦雷、巴兹曼：《谈判中的代理：朝向可验证的命题》。收录于姆努金、萨斯坎德主编的，《代表他人谈判：给律师、企业高管、体育经纪人、外交官、政客和其他所有人的建议》，美国世哲出版公司，1999年。

② 丹尼尔·德鲁克曼、詹姆斯·德鲁克曼：《可见性和谈判灵活性》，《社会心理学杂志》，1996年，第136期。

③ 罗伊·莱维克、桑德斯、巴里：《谈判》，美国麦格劳-希尔出版公司，2006年。

的成果[①]。这是由于在面对面谈判中，谈判者之间的相互“凝视”就如同互相“监视”一般。而在虚拟谈判中，这种“凝视”的作用就会消失，问责的压力也由此被消除，从而使得谈判者发展出更倾向于合作的态度。随着科技的发展，谈判将越来越多地以远程的形式展开，谈判者仅拥有十分有限的途径去了解对方的非语言行为。

① 彼得·卡内维尔、迪恩·普鲁特、史蒂文·塞海姆:《注视与竞争：整体型谈判中的问责制和视觉信息通道》,《人格与社会心理学杂志》，1981年，第40期。

信任你的代理人

代理人在委托人与谈判对方之间充当着中间人的身份，这个身份会使其陷入两难境地。从一方面来说，委托人会要求其坚守己方的立场，一往无前，决不妥协；而另一方面，谈判者会对方代理人恳求做出必要的妥协，以推动协议的达成。

代理人通常有若干方法来应付此类两难的境地。我们已经提到过，可以通过控制谈判进程的公开程度。除了这个方法之外，代理人也需要在与委托人和谈判对象的关系上下功夫。

到目前为止，我们已经从委托人的角度提出了各种有助于协调其与代理人两方利益的策略（合同类型、问责压力、监督谈判进程）。

现在，我们将注意力集中到委托人与代理人之间的关系发展上。借用依恋理论[①]，有人提出了委托人与其代理人之间所形成的依恋关系类型，不仅会影响代理人对委托人所追求的利益目标的理解，也会影响双方相互回应的能力。

依恋理论将“依恋”分为三种类型。当人们对自身价值心存怀疑，也不确信自己能从别人那里获取怎样的支持时，就会产生焦

---

① 鲍比:《依恋与失去》，美国基础图书出版社，1969年。

虑型依恋。伴随着这种依恋心理，缺乏安全感的人们首先会寻求同伴的支持。而当人们感受到互动对象的拒绝态度，或未得到对方的回应时，就会产生回避型依恋。回避型依恋会让人们对他人产生警惕，并且尝试保持距离。最后一项是安全型依恋，在这种状态下，人们会感受到合作伙伴的支持，并且意识到自身的价值。他们生活在充满爱的世界中，合作伙伴也值得信赖。

比起焦虑型依恋与回避型依恋关系，那些处于安全型依恋中的代理人更能明白委托人想要追求的利益，也能更有效地给予回应。即便委托人所追求的利益与他们自身的利益背道而驰。简而言之，对委托人存在安全型依恋心理的代理人，可以相互协调自身的利益与委托人的利益，并且不怕做出不受欢迎的决策（在这样的情况下，委托人将谈判完全交托给代理人，而其利益全系于此举，这一决定经常被外界视作不明智）。

早期的一项研究[①]得出了相同的结论，委托人在谈判初期对代理人表现出的不信任会造成不良影响。为了给委托人留下良好的印象，并因此重新赢得他们的信心，代理人会提高竞争意识，并对其谈判对象采用侵略性策略。而当对手回敬更激进的谈判策略时，将会大大增加谈判的难度，也会使谈判陷入僵局。但从另一方面来说，这样的策略可以有效重建委托人对代理人的信心。随着竞争策略的实施，委托人最初的不信任感会逐渐减少。

当代理人收到来自其委托人的负面评价时，他们会依次采取下

---

① 詹姆斯·沃尔：《组成信任和代表讨价还价取向对集团间讨价还价的影响》，《人格与社会心理学杂志》，1975年，第31期。

列行为。首先，他们会变得越来越束手束脚。然后，他们会做出一些行为来体现自己对群体及其利益的忠诚。最后，如果评价依旧维持原样，他们就会放弃[①]。这项机制让我们想起了习得性无助的现象[②]。习得性无助是由于个人了解到自己对事情的发展缺乏掌控力而产生的。无论采取什么行动，结果对他们来说都是一样的，这使他们产生了消极、退缩和放弃的态度。

与委托人建立积极的关系是一项优势，与谈判对象建立积极关系也同样重要。与谈判对象的关系越正向，就越可能达成有利于长期利益的最终协议。随着时间的推移以及谈判人员专业程度的提升，这种必须与对方建立良好关系的意识也在不断发展[③]。

在虚拟谈判中，谈判新手起初对委托人往往持积极态度，对谈判对象则是持消极态度。随着时间的流逝，谈判者意识到谈判的成功只能通过与对方建立积极的关系来实现。可奇怪的是，当代理人对谈判对象的态度越积极，他们对委托人的态度越会逐渐变得消极：仿佛代理人无法从心理上，同时维持自己与这两类合作者保持积极的关系。有两个因素决定了代理人能否对谈判对象发展出积极的情绪：相似感与熟悉感[④]。

---

① 罗伊·莱维克、桑德斯、巴里：《谈判》，美国麦格劳-希尔出版公司，2006年。

② 赛里格曼：《无助：关于抑郁、发展和死亡》，美国弗里曼出版公司，1975年。

③ 库尔茨贝格、摩尔、瓦雷、巴兹曼：《谈判中的代理：朝向可验证的命题》，收录于姆努金、萨斯坎德，主编的《代表他人谈判：给律师、企业高管、体育经纪人、外交官、政客和其他人的建议》，美国世哲出版公司，1999年。

④ 肯兹伯格、邓恩·詹森、马西贝克：《多方电子谈判：代理，联盟和谈判成功》，《国际冲突管理杂志》，2005年，第16期。

谈判代理情境练习

何时选择代理?

出现以下情况时，您可以考虑选择代理谈判。

· 谈判团体规模过大，以至于无法让所有人都出席谈判。

· 您欠缺专业技能，可能涉及处理某一特定文件，或是谈判技巧不足。

· 您没有时间亲自出席谈判。

· 您在谈判中代入过多情绪。

· 谈判战线较长或反复进行。

· 您的风评在谈判中起不到积极作用。

在下述情况中不要委托代理人。

· 对您而言，谈判双方的关系非常重要。

· 您必须重新获得对方的信任。

· 您没有时间将相关文件的信息告知代理人。

选择谁作为代理人?

首先您应选择有能力的人。此人要么擅长特定的谈判主题，要么拥有很强的谈判能力。

如果您必须在群体内部代表和委托外部人士之间做出选择，您要知道，群体内部代表在谈判中为了达成一致，会遭遇更大的困难。主要原因在于他们对群体的责任感更强。但好处是，内部代表可以更加直接地知晓你们期冀达成的谈判目标。

着眼于群体内部时，您可以委派三种类型的代表参与谈判：标准型代表、内群体偏好型代表及外群体偏好型代表。您的选择取决于您的谈判目标、谈判背景及您的身份。您也会很快意识到人们通常倾向于选择与自己相似的人作为代表。但要注意的是，与您相似的人未必能引导谈判向您期望的方向进行。

制定协议

千万不要天真地以为您委托的代理人一定会与您目标一致。通过制定协议，向代理人明确解释谈判目标尤为重要。

在向代理人传达的信息中，最重要的是利益关系与优先事项。切勿过于仔细地透露最低心理预期，因为这可能会令委托人陷入不利的局面。然而，如果委托人不透露任何相关信息，代理人会没有把握，同样不利于谈判的进行，甚至可能陷入僵局。解决这一问题的办法是，从时间上设计最低心理预期的信息传达。随着委托人与代理人间信任程度逐渐提升，不断补充要传达的信息。

利益的协调

为避免代理人的利益与您的利益不一致，您可以采取两种策略：奖金激励与控制。

奖金可依照代理人的行为（关于委托人行动的合约）或谈判结果（关于谈判结果的合约）分配。如果您可以知晓代理人的行为，并且具备评估这些行为的能力，则可以制定偏向关于委托人行为的合约。在其他情况下，即使关于成果型合约会提高代理人投机取巧的可能性，产生风险，但您还是更倾向于选择这类合约。

当在内部挑选代理人时，您要当心具有特殊成员特征的代表。为消除疑虑、更舒适地置身于群体中，如果这些人认为进攻型行为符合群体预期，他们可能会过度采取进攻策略。

权利下放

不要给代理人下放过多的权利，这会带来权利滥用的风险。也不要下放过少的权利，这会限制代理人提出具有创造性的解决方案。

理想的办法是，从时间上设计权利下放的程度：开始时下放很少的权利，随着时间的推移及双方信任程度逐渐提升，慢慢增加下放的权利。

谈判代理人

成为代理人后，人们的心态会发生变化。当担任代理人角色时，他会对其委托人有一种道德义务。对于委托人来说，代理人寻求的是利益最大化。如果情况需要，收益的最大化将通过竞争实现；而当情况更为有利时，则通过合作实现。与代表自己进行谈判的个人相比，代理人有更强的动机，这可能是谈判个人更愿意与代理人谈判的另一个原因。

期望预测与问责制

一般来说，代理人会按照委托人的期望行事。如果委托人未给代理人任何说明，代理人会认为委托人希望他在谈判中态度坚决。为避免产生这种竞争，不要犹豫，明确自己的期望。如果代理人听说您希望他能够合作，那他们会采用合作的策略。

请注意，这种相信委托人重视竞争力的倾向，符合个人主义的文化标准。在其他更偏向集体主义的群体中，代理人会揣摩其委托人的其他期望，因而竞争力对代理人的吸引力就会降低。

您可以通过以下几种方式使您的代理人按照自己的意愿行事。

第一，问责力度越大，代理人追求准确性和精确性的动机就越大。这将减少零和偏见并推动达成综合协议。

第二，当您通过行动型合约审查代理人采取的行动时，代理人通常不冒险去投机取巧。

第三，在委托人看来，问责压力大于谈判压力。具体而言，如果您希望谈判者表现得有竞争力，那么请监督他的行为。相反，如果您希望推动达成综合的解决方案，那么请让代理人独自寻求解决办法。他将更具创造力。

不管怎样，请不要给您的代理人过多的压力。额外的压力可能会使其在认知上超负荷并影响其表现、降低其效率。

代理人的人际关系

积极维护您与代理人之间的关系。在与委托人的关系中能感到安全的代理人，能够更好地理解他应捍卫的利益，并能更有效地进行回应。

避免过多的负面反馈和评论。这将导致代理人不惜一切代价挽回自己的形象。虽然采用进攻策略可能会有损委托人的利益，但为了重新赢得委托人的信任，代理人会对谈判者表现出很强的攻击性。

在谈判过程中，代理人会尝试与对方建立积极的关系。作为委托人要对此保持宽容。如果代理人很重视这种关系，那他不是为了让委托人失望，而是因为发展积极的人际关系能促使达成综合协议，这种协议可服务于委托人的长期利益。

第 10 章

在多方博弈中获得更多——联盟

谈判的参与方越多，谈判就越复杂。此外，多方谈判也为谈判者提供了结成联盟的机会。首先，我们将专注于联盟的定义，其次，探讨联盟结成的过程。我们将尝试了解联盟是如何结成的，谁是发起者，谁是成员，以及谁被排斥在联盟之外。我们将联盟视作兼具排外性（有一些谈判者会被拒之门外）与融合性（所有的谈判者都会被邀请参与）。最后，我们将分析谈判各方的权利如何影响联盟的形成，以及利益分配情况。

没有任何个人能足够聪明、强大到可以抵抗多人组成的联盟[1]。

① 托马斯·霍布斯：《利维坦或共同财富教会和公民的问题，形式和力量》，英国安德鲁·克鲁克，1651年。

联盟的定义与特征

从广义上来说，联盟是一群人的联合行为，这群人采用集体行动的方式，旨在取得比单独行动更可观的互惠成果，由此巩固自身的地位。然而，不是所有个人联合都可以称得上联盟。联盟不仅仅是为了协调行动而形成的协作小组。联盟“在本质上具有政治性，形成联盟是为了制衡比自己更大的群体。它是由一群个体组成的特殊关系网络，其目的是在某一特定问题上坚持一个特定立场”[①]。

联盟是一个内部互相作用，权衡利弊后建立，不受形式结构约束，内部没有具体架构，旨在解决联盟外部问题，依靠成员团体协作的团体[②]。但这个相当具有限制性的定义很难解释类似政治领域或家族范畴内的其他联盟体系。

如此一来，基于这个概念，联盟必然是暂时性的，一旦问题解决，联盟就会瓦解。此外，这个定义排除了建立正式组织架构（领导的选择等）来管理联盟的可能性。

---

① 基思·默宁翰、丹尼尔·布拉斯：《组织内联盟》，《组织内谈判研究》，美国JAI新闻出版公司，1991年。

② 威廉·史蒂文森，约翰·皮尔斯、莱曼·波特：《组织理论和研究中的“合作”概念》，《管理学院评论》，1985年，第10期。

联盟的目的是提高联盟者在谈判中的地位。谈判者加入联盟并不仅仅是为了共同度过美好时光，而且是为了加强或巩固自己在谈判中的影响力。联盟之所以会存在，是因为联盟者知道，他们将共同拥有更强的力量来迫使其他各方屈从于自己倡导的目标。

联盟在使谈判朝对己方有利的方向发展时，有一部分能力取决于联盟的规模，但不仅限于此。

通常来说，与人数更多但影响力较小的个人组成的联盟相比，由少数几个拥有较大影响力的个人组成的联盟更强大。而且，规模过大的联盟通常缺乏协调性，联盟伙伴越多，越难就目标达成共识，联盟内部产生分歧的风险也越大[①]。规模中等且影响力足以实现其目标的联盟是最常见的[②]。

当联盟形成后，成员就会开始追求共同利益。这不仅意味着成员的行为会损害非成员的利益，也意味着成员会将联盟的利益置于个人利益之上。

但我们需要明白的是，现实情况并不总是那么简单。当联盟做出的决定与成员个人利益或信念冲突时，成员会面临两难的困境：他们或是一往无前支持联盟（冒着个人处于弱势的风险），或是从联盟中退出（冒着被排除在决策之外的风险）。

---

① 基思·默宁翰：《组织联盟的形成：过程，结果和主导联盟》，经济和商业研究局《学院工作文件1119号》，伊利诺伊大学香槟分校，1985年。

② 威廉·加姆森：《联盟形成理论》，《美国社会学评论》，1961年，第26期。

计划联盟、偶然联盟与优势联盟

一群人可以有计划地或偶然地结成联盟。计划联盟基于一种主观意愿，人们希望建立一个可以提供特定利益且人数相对较少的特殊团体。

从本质上来说，按照计划结成的联盟对于组成它的个体来说是必要的，因为只有通过建立联盟才能实现他们每个人的目标。这些个体希望靠结成联盟来获得足够的影响力，借此得以左右谈判中的决定。

在许多情况下，谈判者追求的目标本质上是相似的，并且通过联合大家的力量和资源来提高达到该目标的可能性。企业内部工会的创立便是如此。工会是由一群人组成的团体，他们聚集在一起，以便在管理团队面前讨论公司的运作时有足够的话语权。

然而有时，一些利益不一致的成员会由于外部因素而被迫加入联盟。这种情况尤其发生在以少数服从多数的方式来进行决策的团体中。当具有不同意识形态的政党一起组成政府时，我们便可以观察到这种现象。

有人会说，即使在后一种情况下，结成联盟的政党的利益也是相似的，毕竟联合政府是由一群拥有唯一且共同抱负（治理国家）的个人组成的。

我们需要将联盟分为两个小类，原因有以下两点。

第一，追求相同目标的联盟本质上并没有那么复杂，它可以在不进行前期准备工作的情况下成立。相反，具有不同目标的成员所组成的联盟，只有在进行首次内部谈判之后才能生效或运作。事实上，在这种情况下，潜在的联盟成员必须面对的首要任务是根据联盟所追求的目标确定共同立场。

第二，具有相同目标，而且仅因为其追求的目标而存在的联盟。一旦达到目标，这种联盟往往会很快解散。一些研究者认为，一个不起眼的联盟的迅速解散是保护其成员免受非联盟成员报复的最佳方式。迅速解散还确保了灵活性，使人们能够随着自身利益的波动而组建新的团体。

初始目标不尽相同的成员所组成的联盟遵循不同的时效性，这种时效性与是否达到特定目标的关系较小，更多的是取决于该联盟受到的限制。例如，政府的任职期限取决于该国现行的法律和制度。这类联盟的成功与否并不在于它达到了何种特殊的目标，更在于其联盟成员能否在应当采取的集体行动上达成长期共识。

偶然联盟源于人们偶然发现两个或两个以上的个体拥有共同的利益，比起计划联盟，它缺少一些战略性的初衷。当人们意识到他们正在为同一个目标努力，并且决定共同协作以减少单独工作所产生的成本时，这种联盟便会产生。在偶然联盟中，当事方常常意识到他们的利益有多处重合，这有助于为长期的合作奠定基础。[①]

与按计划结成的联盟相反，偶然结成的联盟并不是出于必须。在这种情况下，个人无须求助联盟就可实现自己的目标，但是他们认为结成联盟是更好的选择，因为可以优化结果。

欧洲经济共同体的建立便是基于上述想法。当各国选择联合它们的经济实力时，这并不是因为它们无法独立解决问题，而是因为它们意识到组成联盟很可能会有利于各国的经济发展和社会进步。

将联盟的概念扩展到偶然结成的联盟使我们认识到，除了追求特定目标之外，其他因素也可以成为联盟形成的基础。例如在组织环境中，年龄、友谊、相近的外形、经验或意识形态等因素都可以促使人与人之间走向亲近，并且在必要时将其转化为协同合作。[②]

上述观点符合我们对谈判动机的理解，经济利益并不是人们进行谈判的唯一原因，优化人际关系或提升自我形象等也是人们进行谈判的契机（参见第3章）。

优势联盟是由一小群在公司中拥有足够权利的人所组成的，他们做出的决定会对公司的结构和运行产生重大影响。作为权利与决策的中心，优势联盟也因此受到高度关注。它通常由“最高管理层”的成员组成。

---

① 基思·默宁翰：《组织联盟的形成：过程，结果和主导联盟》，经济和商业研究局《学院工作文件1119号》，伊利诺伊大学香槟分校，1985年。

② 迪恩·沃尔什：《组织内部联盟研究的结构方法》，《2006年硕士论文》，http：//scholarcommons。usf。edu/etd/2744。

但优势联盟与最高管理层两者并没有完全重叠。与最高管理层的团队有所不同，优势联盟不具有正式组织架构，并且可能包括其他成员[①]。非正式的权利来源（例如，二人间的友谊）比个人在公司中的实际职位级别更能阐述该成员在优势联盟中的身份[②]。

有研究[③]试图了解人们如何看待优势联盟中的成员。为此，研究者采访了来自8家不同银行的137位高级经理。受访者应邀对四项影响成员进入联盟的潜在因素做出评估：个人决策能力、决策类型、个人成为团体一份子的意愿以及运气。

研究结果显示，优势联盟成员与非优势联盟成员在上述问题上持有不同的观点。如图17所示，与非成员相比，优势联盟成员更倾向于认为个人是由于其自身因素（个人能力与加入联盟的意愿）才得以成为联盟中的一份子。而相反地，与优势联盟内的成员相比，非成员更认同“运气”的重要性。

---

① 约翰·皮尔斯:《小银行主导联盟的结构分析》,《管理杂志》，1995年，第21期，1075—1095页。

② 汉森、布莱尔、肖尔、迈尔斯:《主导联盟中的传播经理：权利属性和传播实践》,《通讯管理杂志》，2013年，第17期。

③ 约翰·皮尔斯、安杰洛·德尼西:《归因理论和战略决策：在联盟形成中的应用》,《管理学院学报》，1983年，第26期。

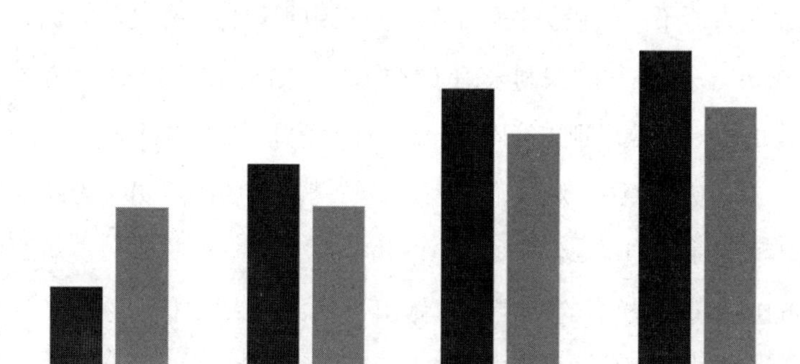

图17 优势联盟成员与非成员对影响成员身份的因素的看法

如何选择联盟成员

联盟逐步建立的过程是自发的，始于一个人（即联盟的创立者）意识到自己无法通过一己之力达到目标[①]。通过招募（说服他人加入自己）这一行动，创立者既承认了自己的势单力薄、需要借助他人之力，又明确显示了自己无法独立应付问题的处境。

联盟创立者对他人的依赖程度取决于他对目标的渴求程度，以及通过人际关系实现该目标的能力[②]。在创立者试图说服他人加入时，他越需要对方，就越会提出具有诱惑力的条件。这也解释了为什么有的时候联盟创立者所获得的物质利益不如该联盟其他成员[③]。

联盟成员的招募是在什么基础上进行的？换句话说，创立者将首先联系哪些潜在合作伙伴？在这其中，有多种因素会共同作用。我们将讨论其中三种主要因素。

---

① 基思·默宁翰、丹尼尔·布拉斯：《组织内联盟》，《组织内谈判研究》，美国JAI新闻出版公司，1991年。

② 爱默生：《权利依赖关系》，《美国社会学评论》，1962年，第27期。

③ 基思·默宁翰：《组织联盟的形成：过程，结果和主导联盟》，经济和商业研究局《学院工作文件1119号》，伊利诺伊大学香槟分校，1985年。

在选择联盟伙伴时，我们需要考虑的第一个因素是创立者的人际关系网。创立者的人脉越广、人际关系越好，就越能动员并说服潜在的合作伙伴加入自己。良好的人际关系是集体协同合作的催化剂[①]。

因此，与潜在合作伙伴保持良好且频繁的沟通非常重要。当联盟成员之间的非正式沟通足够频繁，拥有一致的立场，且在各种场合下都一同努力时，这些成员就越有可能达成团结协作。简而言之，比起互不相识的谈判者，彼此熟识的谈判者更有可能共同进退。如果谈判者拥有共同的价值观，情况就更是如此。

我们需要考虑的第二个因素和资源有关。当提及“资源”时，我们指的是个人提供的任何可以提高联盟力量的事物。这些事物可以是十分具体的资源，例如，该成员提供的财力支持或是他可以动员的票数；也可以是比较抽象的资源，例如，其人脉、可支配的时间、精力及魅力。

上文提到，联盟的规模过大会产生不利影响。所以，联盟会避免内部出现不同的观点。因此，似乎更应该少量招募拥有大量资源的个人，而不是大量招募影响力很低的成员。然而，研究表明，人们并不愿意与过于强大的伙伴合作，主要是因为担心他们会过于贪婪，在分配利益时要求过高[②]。然而，这种倾向与弱者结盟的心理

---

① 托德·霍尼卡特、德布拉·斯特朗：《使用社交网络分析来预测健康倡导联盟中的早期合作》，《美国评估杂志》，2012年，第33期。

② 维纳克、阿科夫：《三合会联盟的实验研究》，《美国社会学评论》，1957年，第22期。

只存在于当潜在合作伙伴可以互相替换的时候[①]，也就是说，当联盟不论吸纳较弱成员还是较强成员都能达到其目标时，人们会更希望与较弱的伙伴合作。

代表上述现象的经典例子是三方五分游戏（4-3-2）。在此游戏中，三名成员的票数都是有限的（A成员4票，B成员3票，C成员2票），他们中没有一个人能够独自达到游戏所需的5票。因此成员们必须结盟。研究人员借该游戏表明，B成员和C成员结成联盟的频率非常高，而最有能力的A成员几乎被排除在联盟之外。所以，优势也可能是一种劣势。

第三个需要考虑的因素是否决权持有者。人们将某些在联盟中占据关键或中心位置的人称为否决权持有者。在多方谈判中，如果因某人不能参与便不能结成联盟，我们便将这个人称为否决权持有者。这种情况有可能是因为此人掌握着至关重要的资源，也有可能是因为他在联盟中的地位赋予了他一票否决所有决定的权利。

否决权持有者很少主动与他人结成联盟。就如同我们已经提到过的，主动与人结盟会传达依赖他人的信号。他们在联盟中的不可或缺性会促使他们按兵不动，静待较弱势的团体主动接近自己，只有较弱的团体向他们提出足够有吸引力的条件时，他们才会同意结盟。[②]

---

① 基思·默宁翰：《组织联盟的形成：过程，结果和主导联盟》，经济和商业研究局《学院工作文件1119号》。伊利诺伊大学香槟分校，1985年。

② 基思·默宁翰、丹尼尔·布拉斯：《组织内联盟》，《组织内谈判研究》，美国JAI新闻出版公司，1991年。

联盟中的多方博弈

根据定义，联盟具有排外性。谈判者有可能因为各种各样的原因被排除在联盟之外。我们已经提到了其中一些原因。例如，我们已经强调过，比起规模较小的联盟，规模过大的联盟会面临内部协调性的问题，更难于管理。

我们已经谈到过，联盟成员不太愿意接受那些过于贪婪、有可能会拿走大部分利益的人加入。

一个人被排除在联盟之外的可能性与其提出的要求成反比，即他提出的要求越高，他在未来的联盟中被选为合作伙伴的可能性就越小[①]。根据经验，有实力的谈判者会意识到这一问题，并且会对自己的行为做出调整。

还有研究[②]指出，当谈判者连续参加四分游戏时（该游戏规则类似上文中提到的三方五分游戏），从第二轮游戏开始，拥有最多

---

① 塞缪尔·科莫里塔、艾伦·埃利斯：《联盟谈判中对公平的追求》，《人格与社会心理学杂志》，1988年，第54期，421～431页。

② 杰罗姆·切特科夫和约瑟夫·布雷登：《经验和谈判限制对联盟形成的影响》，《人格与社会心理学杂志》，1974年，第30期。

资源的一方会改变自己的策略，降低自己的期待（在随后的谈判中他也会保持这样的低要求）。在第一轮游戏被孤立之后，该成员会意识到每个人拥有的资源与实际的话语权分配并不一定直接成正比，这会使他降低自己的要求。

而有意思的是，在此研究中，B成员与C成员往往没有意识到资源与实际话语权之间并不存在正相关的关系。如果一旦意识到资源不足并不会影响自己组建有效联盟的能力，那么C成员就会在第二轮游戏中提出更高的要求。

单纯从经济角度出发时，实力较弱的谈判者并不是理想的结盟伙伴。总体而言，联盟倾向于将实力较弱的谈判者排除在外。因为他们的能力有限，不足以为联盟成员赢得更多利益。

对于已经结盟的成员来说，接纳实力较弱的谈判者这一行为并不明智。这种排外有时也会由于实力较弱的成员无法正确评估自己的行为而产生。我们可以通过表6来理解该观点[①]。

有三名成员进行谈判。为了获利，每名成员都必须与他人结盟；未能与他人结盟的个人将不会获得任何收益。成员可被分配到的收益大小取决于所结成的联盟类型。表6概述了依据联盟类型所分配的收益情况。

---

① 塞缪尔·科莫里塔、克拉维兹：《联盟的形成：一种社会心理学方法》，《基本小组流程》，德国施普林格出版社，1983年。

表6　多方博弈

类型	收益
ABC联盟	120
AB联盟	95
AC联盟	80
BC联盟	65
A成员	0
B成员	0
C成员	0

在该体系中，个人的实力比乍看之下更为均衡。当然，包含C成员的两个联盟的收益要小于AB联盟。相反，有A成员参与的联盟都比把A成员排除在外的BC联盟获得的收益更大。因此，就个人贡献而言，A成员最容易被优先选择，B成员次之，C成员处于最末位。然而，从下文的表7中我们也很容易看到，C成员与其他成员拥有同等的实力（C成员在话语权上与其他成员实力相当），因而他有能力阻止A、B结盟。当然他需要意识到这一点。

假设A和B结为联盟。为了使联盟能够运作，合作伙伴必须决定如何在他们之间分配收益。现在让我们设想A和B之间分配收益的几个方式，并试想C可以使用何种手段来打破这一联盟（见表7）。

例1是A和B决定以接近平均的方式分配联盟获得的收益（A/B=48/47）。C可以采取两项行动：他可以向A提出一个高于其现有收益的方案（比如在AC联盟收益为80的基础上，将其中的60分配给A）；也可以向B提出一个高于其现有收益的方案（比如在BC联盟收益为65的基础上，将其中的55分配给B）。例2、例3与例1的逻辑相同。在例3中，唯一的特别之处是C无法向B提供高于AB联盟中B获得的收益。因此他别无选择，只能求助于A。还需要注意的是，为了打破AB联盟，C不得不向A或B提出更好的分配方案，这会令他自己处于不利的地位。但即使是在例2中，A、C结为联盟的情况下，C所获得的3个单位的收益，也胜过当A、B结成联盟时他一无所获的情况。

表7　最弱谈判者的话语权

	AB间收益分配 总计95		C可能向A或B 提供的收益	
	A	B	A/C 总计80	B/C 总计65
例1	48	47	60/20	55/10
例2	70	25	77/3	35/30
例3	25	70	60/20	—

上述例子再一次说明了，联盟分配的有效话语权并不一定与成员带来的资源呈完全的正相关。但是，谈判人员经常不能对权利的实际分配情况做出正确的分析。或者更确切地说，他们对权利分配的看法往往局限于资源的多寡，这使得他们的分析与事实有所出入。对能力的评估中存在两种类型的认知偏差：一是高估自己的实力（即A成员，过于贪婪的谈判者），二是低估自己的实力（即C成员，过于保守的谈判者）。在这两种情况下，对于实力的错误评估都会使谈判者将自己排除于联盟之外。

与此同时，也有其他因素会导致某些成员被排除于联盟之外。谈判者尤其不愿意跟与自己意见相左或意识形态南辕北辙的人结为联盟。关于该观点，最有说服力的例子存在于政治领域。

联盟的排外性也可能是由于局势限制或联盟成立之前各成员做出的承诺而形成的。

什么样成员会被联盟排除在外

成功的联盟至少是一个大小足以确保获胜，但又不会超过必要规模的联盟[①]。根据对联盟情况的理性分析，谈判者会选择将无法显著增加联盟成员利益的人排除在联盟之外。直观上来看，这样的说法并非绝对成立。历史上有很多与之相反的例子，我们曾屡次说过，经济目标只是众多动机中的一种。与所有的经济原因相反，谈判者在面对联盟的排外性时，常常表现出某种不情愿。

有研究发现，除个人利益之外，谈判者同样有意愿加入那些他们认为能确保其获得公平公正结果的联盟[②]。第一阶段的研究分析了三方谈判中结成联盟的情况，在该谈判中，最终利益不确定是否会平均分给双方。这些研究者都指出，两方结盟比三方结盟更常见。但是，只有在联盟成员感到收益有可能被公平分配时，这种效应才会出现。当两方组成的联盟所产生的收益未能被公平分配时

---

① 瑞克:《在三人游戏中讨价还价》,《美国政治学评论》, 1967年, 第61期。

② 伊利亚·范·贝斯特、埃里克·范·迪克:《联盟形成中的自利和公平: 了解群体中伙伴选择和收益分配的一种社会效用方法》,《欧洲社会心理学评论》, 2007年, 第18期。

（每个人获得的收益与其初始投资成正比），个人就会倾向于加入规模更大的联盟（三方联盟），哪怕在这种人数更多的联盟中，他们的获利会比在双方联盟时更少。

社会价值取向也反映了个体之间的差异。利他主义者往往不愿把他人排除在联盟之外，并且倾向于包容性更强、接纳度更高的联盟。反之，利己主义者则会无视被联盟排除在外的个体，因为在决策中他们只考虑个人利益[①]。

当人们以少数服从多数的方式进行决策时，实力强大的成员会相互联合，损害弱势成员的利益[②]。但这种情况发生的前提是这些实力强大的成员都是利己主义者。当人们的社会价值取向促使联盟成员（利他主义者）自然而然地为他人考虑时，联盟会更具包容性，而非排外性。

除了个体差异外，追求公平的动机还受到环境因素的影响。在现实生活中，有些谈判是讨论损失的分担而不是收益的分配[③]。这种情况在公司重组过程中尤为常见，公司的部门负责人必须商定部门的预算成本。当谈判者讨论如何分担损失时，相比自身利益会更看重决策是否公平公正。谈判者不愿建立具有排外性的小团体，因为这有可能损害到其他成员的利益。他们更倾向于集体决策，让所

---

① 范·贝斯特、威尔克、埃里克·范·迪克：《联盟组建中排除的薪酬》，《人格与社会心理学简报》，2003年，第29期。

② 汤普森、曼尼克斯、巴塞曼：《小组谈判：决策规则，议程和期望的影响》，《人格与社会心理学杂志》，1988年，第54期。

③ 范·贝斯特、范·迪克、德德鲁、威尔克：《联盟形成中的无害行为：损失为何抑制排斥并促进公平认知》，《实验社会心理学杂志》，2005年，第41期。

有谈判者都参与讨论，而不是建立那些显然会为自己谋求利益的小团体。

仍然是在环境因素层面，有研究者研究了谈判的沟通方式对产生排外性的影响[①]。该研究将两个环境因素作为变量：谈判由面对面与通过电脑两种开展方式，沟通也有公开与私密之分。研究结果表明，这两个影响结盟的因素彼此相互独立。

如图18所示，与使用电脑进行沟通相比，直接的沟通（面对面谈判）会降低排外性产生的可能性，即降低小团体产生的可能性。其次，比起私下的交流，公开的沟通也更不易导致排外性的产生。

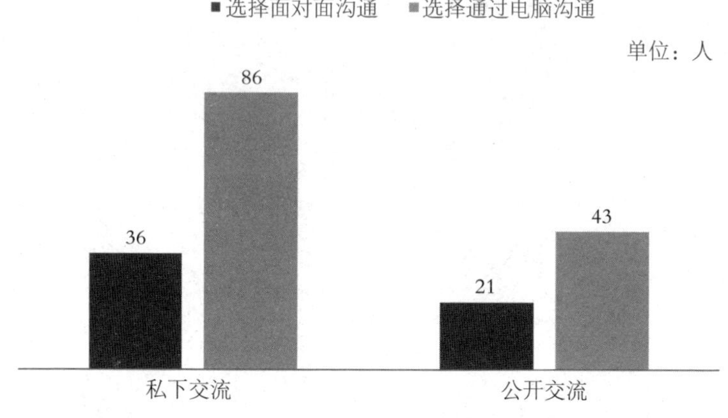

图18 环境对产生排外性及结盟的影响

在他们的第二项研究中，分析了为何沟通方式可以减少排外的

① 罗德里克·斯瓦布、玛丽·克恩、丹尼尔·迪米尔、维多利亚·梅德韦克：《谁对谁说什么？沟通设置和渠道对排除多方谈判协议的影响》，《社会认知》，2009年，第27期。

发生。结果表明，更加直接地交流可以促进口头及非言语的行为，这反过来可以促使所有成员参与协商。能力最弱的谈判者尤其可以从直接沟通中受益，与间接沟通相比，他们是唯一在讨论结束时获得更好结果的人。

从上述内容中，我们可以发现，通过结盟将个人排除在谈判之外的行为不具备系统性。尽管包容性很可能会减少自己的收益，但人们在决策时通常愿意将能力较弱的个体纳入联盟中。

用公平与公正的原则来分割馅儿饼

与其他谈判一样，谈判者在联盟中的话语权重要与否取决于多种因素：个人的魅力、可获取的信息等。但其中最具决定性的因素是他们对联盟做出的贡献（可提供的资源），以及他们能与其他人结成的联盟的数量与规模[①]。这两个因素通常是相互关联的：拥有的资源越多，可加入的潜在联盟数量也越多。

传统的观点认为，资源是选择的前提。资源的作用在于，能确认一个个体可以成功加入的潜在联盟的数量和规模。[②]研究者将其称为资源的战略功能。

然而，这两个层面的内容是有区别的，事实上，资源与潜在联盟并不总是成正比。

以政治领域为例，政党可以利用分配给各方的投票权重来观

① 克拉维兹、依瓦尼斯泽克：《联盟谈判中作为动力来源的联盟和资源的数量》，《人格与社会心理学杂志》，1984年，第47期。

② 克拉维兹、依瓦尼斯泽克：《联盟谈判中作为动力来源的联盟和资源的数量》，《人格与社会心理学杂志》，1984年，第47期。

察他们为了获得多数人的支持，会结成什么样的联盟[①]。可尽管如此，意识形态的分歧会使某些政党之间结为联盟的可能性为零，尤其是当一些呼声最高的政治团体彼此对立的时候[②]。

比起自身资源的多少，潜在联盟这一因素更会促使人们做出更多谋求私利的行为。这两种形式的实力对联盟内部的谈判过程有不同的影响。当每个谈判者可加入的潜在联盟的数量不尽相同时，人们会花更多的时间去谈判。但不论谈判者拥有的资源是否相同，谈判的时长保持不变。

在上文中我们讨论了资源在联盟中的两个功能。第一个功能是资源的战略功能，它对于结盟的作用显而易见，因为它决定了个人可能建立的联盟的类型和数量。第二个功能则是资源的常规功能，它是谈判结束时收益分配的参考标准。接下来，我们延伸讲解第二个功能。

联盟成员如何分配他们获得的收益？资源的多寡和潜在联盟的选择会同时影响收益的分配。因此，简单来说，我们可以认为谈判者的实力（资源以及替代选择）与他们从联盟中获得的收益成正比。实力越强，获得的利益就越多。

许多人认可按实力分配的原则，但也有某些人不愿意遵守该规则，认为合理的收益分配应该是一种平均分配，所有联盟成员在该

---

① 伊利亚·范·贝斯特、埃里克·范·迪克、亨克·威尔克：《联盟形成中自我利益和公平的相互作用》，《欧洲社会心理学杂志》，2004年，第34期。

② 关于该问题的回顾，请参见：伊利亚·范·贝斯特、埃里克·范·迪克：《联盟形成中的自利和公平：了解群体中伙伴选择和收益分配的社会效应》，《欧洲社会心理学评论》，2007年，第18期，132—174页。

规则下都收获相同的利益。

以前文表6所示的多方博弈游戏为例，按比例分配原则仅会得到实力较强的成员的支持，因为这对他们来说最为有利。而实力较弱的成员则更喜欢平均分配原则，因为后者保证了他们可以获得更高的收益。由于这两种分配方式的支持者分别是最强和最弱的一方，所以最终最有可能实现的利益分配将会介于按比例与平均分配之间[①]。

总而言之，在本书中我们一直强调谈判具有混合性，人们会发现，不同人的相同动机混合并存于联盟内部[②]。一方面，谈判要求各方进行大量协作，以便通过集体行动达到共同目标；另一方面，合作伙伴之间难免存在一定程度的竞争，一旦达到目标，合作伙伴必须对联盟的收益分配再达成一致。

---

① 塞缪尔·科莫里塔、杜莫尼斯：《一些描述性联盟形成理论的扩展和检验》，《人格与社会心理学杂志》，1980年，第39期，256～268页。

② 塞缪尔·科莫里塔、帕克斯：《人际关系：动机混合》，《心理学年度回顾》，1995年，第46期。

联盟情境练习

定义与特征

在多方谈判中，当您想巩固个人地位时，会选择与他人结成联盟。您必须与联盟的其他成员达成一致，维护共同立场。

结为联盟意味着开始追求集体的利益，将其置于个人利益之上。这并不是一件容易的事。如果这两种利益无法协调，则必须做出选择：究竟是支持联盟（冒着个人处于弱势的风险）还是退出联盟（冒着被排除在决策之外的风险）。在做出决定之前，请仔细权衡每种选择的利弊，考虑短期和长期两种结果。

计划联盟、偶然联盟与优势联盟

如果您所追求的目标与其他成员一致，那么你们将会很快结成联盟。然而，如果你们追求的目标存在分歧，那么您必须与潜在的合作伙伴先进行第一阶段的协商。第一阶段的协商本身就是一场谈判。因此，请参考本书的其他章节以了解您该如何进行这场谈判。

在企业中，您将很乐意成为优势联盟中的一分子，因为大部分开展有关集体活动都是由该联盟决定的。当您的职位级别较高时，您将更容易参与到优势联盟之中。哪怕您的职位级别不够高，也没有关系，因为其他非正式的权利来源（例如，人际关系、掌握的信息量）也是决定人们能否加入优势联盟的重要因素。

联盟成员

联盟的创立者是一个知道自己无法实现目标，因而和有意与自己合作的人结成联盟的角色。如果您是创立者，您就必须向未来的合作伙伴提出诱人的条件，以说服他们与您合作，这种做法会将您自己置于弱势。但这种弱势是暂时的。随着联盟的壮大，您作为创立者的身份就会越来越被认可，从而可以重新获得一些权利。

要招募成员，您首先需要借助您的人际关系网。您认识的人越多、与他们的关系越好，说服他们加入联盟的可能性就越大。事实上，人们总是可以更快与自己已经认识的人建立联盟。理想情况下，您将更倾向于选择一个由掌握很多资源的个体组成的小型联盟，而不是一个由实力较弱的个体组成的规模更大的联盟。

然而，您要十分警惕那些实力过于强大的人，因为他们常常十分贪婪，会索取过多的利益。

如果您拥有否决权（一位联盟不可或缺的成员），请耐心等待！静待那些最弱势的成员来找您，直到他们向您提出足够诱人的条件时，再加入他们的阵营。

排外体系

有若干因素会促使您将一些人排除在联盟之外：

· 太过贪婪的成员。

· 实力过弱，无法给联盟带来具体帮助的成员。

· 与自己意见不一致的成员。

· 情境限制。

· 事先的承诺。

如果您是一位实力较弱的谈判者，切勿将自己主动排除在联盟之外！实力较弱不代表没有采取行动的余地。

如果您是一位实力雄厚的谈判者，也要小心。误判您真正的实力会导致潜在的合作伙伴将您排除在联盟之外。如果想要的太多，结果可能是一无所获！

求同体系

与追求经济利益的逻辑相反，谈判者通常不愿主动将他人排除在外。因为我们都知道，被排斥是一件多么痛苦的事情。

除了使您的收益最大化以外，您还将试图进入那些能保证您获得合理收益分配的联盟。在联盟面临需要分担损失的局面时，这种情况会更为明显。

如果您是实力较弱的谈判者，请选择公开讨论和面对面交涉。直接沟通的方式往往会促进合作的开展和包容性的产生。

合作伙伴的权重与收益的分享

您在联盟中拥有多少话语权取决于您掌握的资源，以及您可以选择的其他替代联盟的数量。

在联盟中掌握的话语权与最后的利益分配息息相关。通常存在两种分配方式：按比例的分配方式（与话语权的大小呈正相关）与平均的分配方式。

不同的联盟成员对这两种分配方式的理解会有所不同。实力较强的成员会更倾向于（根据每个人为联盟带来的资源）按比例分配收益，而实力较弱的成员则会偏爱平均的分配方式。人们对于“合理”的理解是不同的，且对其概念存在不同的解释。在这种情况下，人们会对何为合理、何为不合理做出带有偏颇的个人解读。

永远不要忘记，联盟与所有谈判一样，存在着参差不齐的动机：它需要合作伙伴之间互相协作，但在资源分配的问题上也存在着竞争性。

结语

大家应该已经明白了，本书讲了谈判前要做到的事。偏爱竞争的人应认识到，竞争并不能保证赢得好的结果；而偏爱合作的人也会了解到，合作只会在双方互利互惠时才会起到作用，太多的合作反而会扼杀合作，并增加被他人剥削的风险。

有些人不相信谈判是解决冲突的一种方式。要与这类人进行谈判是有难度，甚至是不现实的。在这种情况下，第一次谈判的重点不是谈判中的冲突，而是就是否开展谈判这一行为进行谈判。

最后，我想回到本书的主体部分。确实，尽管每章结尾的小结或情境练习归纳了一些要点，但在本书中反复出现的某些主题，还是有必要再强调一下：我们很难感知到谈判的综合潜力。

“谈判”这个词容易让人们想到竞争与对立。但是，即使乍看之下谈判双方的目标是相互排斥的，也总存在着一些能够达成更优协议并提高双方满意度的解决方式。根据经验，谈判中被夸大的竞争观念往往源自误判、谈判者自身遭受的压力（如代理谈判中的情况），以及个人差异。

· 谈判混合多重动机。和上面提到的那一点相结合，任何谈判都同时涉及竞争与合作。我们之所以进行谈判，是因为我们认为相比其他应对分歧的策略（比如战争、使用既定的规则或法律），谈判可以为我们带来有利的结果。因此，为了很好地进行谈判，人们需要在一定程度上展开合作。但谈判一定会引发竞争。那些既可以展现灵活（对于那些无关紧要的点）又可以表现出坚定（对于自己优先想要争取的利益）的谈判者往往是最优秀的。相比坚持强硬的立场，不管不顾的妥协对谈判过程来说有害无益。

· 动机的范畴超越个人直接利益。人的动机的广泛性和多样性远超过单纯的经济动机。例如，对于人际关系或谈判过程的担忧会极大地影响谈判的发展趋势。谈判动机不仅会影响人们对目标的定义，也会影响人们的行为模式，以及人们可能从协议中获得的满足感。有些人会将那些与个人利益相悖的行为统称为“不理性”，我并不赞同这种观点。相反，一个经验丰富的谈判者应当有能力分析和考虑所有会影响其自身与对手行为的无形因素。

· 谈判者的判断是不准确的。一些微不足道的、看似无关紧要的事物也会颠覆我们的认知。有很多错误判断，并且会影响谈判过程的各个阶段：目标的定义、处理接收到的信息、我们所感受到的情绪及对所达成的协议的评估。谈判中没有客观的立场，一切都取决于人们的主观感受和解读。不论是在场的谈判者，还是外部的围观者皆是如此，不偏不倚是一种智慧。

· 谈判是动态的。存在分歧的谈判方也不是彼此孤立的，它们相互依存，相互影响。这就是为什么很难提出一些任何情况都能取得收益的万全建议。每一场谈判都是独一无二的，缘于两个主体的碰撞。因此我们只能单纯站在某个谈判者的角度去研究一场谈判，不能将他的对话者纳入考量。

本书概述了当两个或两个以上的人讨论他们的分歧时，能起作用的心理机制。尽管我尝试做出完整的分析，但这些分析并非详尽无遗。例如，关于谈判中的联盟主题，相关文献很丰富，而我仅讨论了其中的部分内容。

我将分析重点放在最普遍、最创新和最有意义的谈判过程上，希望通过我的分析，使读者有意愿去深入了解本书所涉及的主题，并进一步引导他对谈判者行为的思考。

此外，由于篇幅限制，我们无法在本书中谈及谈判范畴内一系列更细分的主题，尤其是高冲突下的谈判，以及在第三方（比如调解人或法官）监督下进行的谈判。我也同样没有讨论国际谈判或跨文化谈判的问题。除以上特例之外，本书详述了整个谈判过程，以提供有关该主题的全面的、相关的且有用的概述。

致谢

我要感谢文库总监文森特·伊泽比以及编辑桑德拉·曼古比的校对和宝贵建议。感谢安妮·维勒雷特后续的收尾工作。感谢卡蒂娅·特谢拉、弗洛伦斯·斯廷汉伯与奥利维尔·高乃依的支持与耐心的陪伴。感谢雅克·菲利普·莱恩斯对我的信任。感谢简妮·范·阿什，没有她的日常协助，本书不可能完成。还要感谢社会行为研究中心（天主教鲁汶大学）的同事们每天创造出这样一个令人振奋的工作环境，感谢格勒诺布尔和尚贝里大学心理学实验室的同事们的友好接待，让我与他们一同度过了美好的一年。特别要感谢多米尼克·穆勒、塞西尔·努拉、席琳·拜恩斯和弗洛里安·德尔马斯。感谢阿尔卑斯地区的朋友们对我们的热情接待。感谢所有参与书本标题敲定的亲爱的朋友们。感谢穆里尔主动伸出援手以及给予我的爱。感谢妈妈，您值得所有的幸福。还有爸爸，我无法在这里一一列举我对您的感激之情。最后，谢谢您，克里斯，我的丈夫，您让我拥有了这么可爱的孩子们，感谢您总是尽自己最大的努力使我们的生活如此幸福。